한 남자와 한 여자

One Man and One Woman: Marriage and Same-Sex Relations

Copyright © 2016 by Joel R. Beeke and Paul M. Smalley
Originally published in English under the title *One Man and One Woman: Marriage and Same-Sex Relations*
by Reformation Heritage Books, Grand Rapids, MI, USA.

This Korean edition is translated and used by permission of Reformation Heritage Books through rMaeng2, Seoul, Republic of Korea.

This Korean Edition © 2021 by Reformed Practice Books, Seoul, Republic of Korea.

이 한국어판의 저작권은 알맹2를 통하여 Reformation Heritage Books와 계약한 개혁된실천사에 있습니다.
신 저작권법에 의해 한국 내에서 보호받는 저작물이므로 무단 전재와 무단 복제를 금합니다.

한 남자와 한 여자

지은이   조엘 R. 비키, 폴 M. 스몰리
옮긴이   조계광
펴낸이   김종진
디자인   이재현
초판 발행 2021. 6. 14.
등록번호 제2018-000357호
등록된 곳 서울특별시 강남구 선릉로107길 15, 202호
발행처   개혁된실천사
전화번호 02)6052-9696
이메일   mail@dailylearning.co.kr
웹사이트 www.dailylearning.co.kr

책값은 뒤표지에 있습니다.
ISBN 979-11-89697-21-1 03230

한 남자와 한 여자

조엘 R. 비키 · 폴 M. 스몰리 지음

젠더,
섹슈얼리티, 동성애
그리고 창조 질서

개혁된실천사

목차

서문 · 8

1장 토대 : 사랑, 권위, 섹슈얼리티 · 13
2장 지침 : 고대 이스라엘에 주어진 동성애에 관한
    하나님의 말씀 · 47
3장 기대 : 죄의 권세와 그리스도의 권세 · 73
4장 결론 : 은혜와 진리 · 99

인용한 도서 목록 · 112

서문

우리는 성 윤리가 급진적으로 변화하는 세상에 살고 있다. 심지어는 사람들과 관계들을 묘사하는 표현까지도 완전히 달라졌다. 과거에는 확고하게 고정된 의미로 사용되었던 말들(남자, 여자, 남편, 아내 등)이 오늘날의 세속 문화 속에서 새롭게 정의된 까닭에 더 이상 옛 의미를 지니지 못하게 되었다. 우리의 문화는 성경이 오늘날의 개념에는 무관할 뿐 아니라 위험하기까지 하다고 생각하며 더더욱 대담하게 성경을 거부하고 있다. 또한 우주와 인간을 창조한 창조주 하나님의 주권적인 능력을 부인하고, 그분이 세상사에 관여하시며 자기 백성과 친밀한 인격적 관계를 맺으신다는 사실을 부정하고 있다.

이런 도덕적인 반란은 우리의 언어를 "알파벳 수프(여러 가지 약어나 상징들로 이루어진 이해하기 힘든 용어—역자주)"로 만들었다. 요즘에는 인간이 존재론적으로 분명한 의도와 목적에 따라 하나님의 형상을 지닌 남자 또는 여자로 창조되었다고 믿지 않는다. 우리는 우리가 젠더와 섹슈얼리티 연속선 상의 어느 지점에 존재한다는 말을 듣는다. 이를 나타내기 위해 "LGBTQIAP"라는 용어가 사용되며, 각 두음자는 레즈비언lesbian, 게이gay, 양성애자bisexual, 트랜스젠더transgender, 퀴어queer, 간성intersex(남녀의 성기를 모두 가지고 있는 사람—역자주), 퀘스처닝questioning(자신의 젠더 정체성이나 섹슈얼리티를 확신하지 못하는 사람—역자주), 무성애자asexual(성적 충동을 느끼지 못하는 사람—역자주), 범성애자pansexual(상대의 젠더 정체성이나 젠더에 상관없이 원하는 대상은 누구에게나 성적 매력을 느끼는 사람—역자주)를 가리킨다. 임의로 만들어진 이 용어는 어디에서나 흔히 접할 수 있지만 접근성이 높지는 않다. 이 용어의 의미는 특별한 소수만이 분별할 수 있다. 언약의 자녀가 대학에서 생활하다가 집에 돌아와서는 자신이 이 용어가 가리키는 범주에 속한다고 말한다면 그리스도인 부모는 어떻게 대처해야 할까? 스스로가 이해하지 못하는 문제에 대해 어떻게 반응해야 할까? 오늘날, 성경의 지혜는 새로운 규칙이나 규범을 따르는 세상 문화와 동떨어져 존재하는 또 다른 세상에서나 통용될 수 있는 것처럼 보인다. 심지어 신자들조차도 모든 것이 불안정하고, 아무런 희망이 없는 것처럼 느낀다.

이런 문제는 하루아침에 불거진 것이 아니다. 2015년에 동성 결혼을 헌법적 권리로 인정한 연방 대법원의 "오버거펠 판례"Obergefell V. Hodges로 인해 에덴동산에서 시작된 문제가 가일층 증대되었다. 현실에서의 특정 범주가 존재하려면 배타성이 필수적이므로 동성 결혼은 성경적 결혼의 온전성에 새로운 차원을 더하는 것으로 간주될 수 없다. 오히려 그것은 그 온전성을 파괴한다. 현대 이후late modernity의 시기에 해당하는 요즘의 시대에는 원죄의 진행적 속성으로 인해 급기야는 남자와 여자로 태어난 데에는 일정한 윤리적, 도덕적 책임과 규제가 뒤따른다는 성경의 가르침을 편파적 발언이나 어리석음의 소치로 여기는 세상으로 악화되기에 이르렀다.

간단히 말해, 우리는 선을 악으로 일컫고, 악을 선으로 일컫는 세상에 살고 있다.

슬프고 부끄러운 사실이지만 나도 이런 세상을 만드는 데 한몫을 했다. 나는 10년 동안 레즈비언으로 살면서 이런 도덕 혁명을 적극적으로 옹호했다. 부활하신 주님을 만나고 나서야 비로소 내가 저지른 잘못이 얼마나 크고 위험한지를 깨달을 수 있었다.

이 책은 이런 도덕 혁명을 추구하는 세상, 즉 곳곳에 위험이 도사리고 있는 이 험한 세상에서 안전하게 살아갈 수 있는 길을 우리에게 안내하는 목회적 인도이자 복음의 빛이다. 우리는 모두 원죄로 인해 왜곡되고, 자범죄로 인해 미혹되고, 내주하는 죄로 인해 조종당하는 탓에 쉽게 속아 넘어갈 수밖에 없는 처지가 되었기 때문에 이런 반란이 가져온 결과들과 조건들을 잘 파악해 살아가려면 양들을 돌보는 목양적 인도가 절실히 필요하지 않을 수 없다.

원치 않는 동성 간 끌림 때문에 고심하는 그리스도인들은 이 책에서 내주하는 죄와 싸울 때 그리스도와 하나로 연합되었다는 사실이 무엇을 약속하고 있는지를 사랑으로 깨우쳐주는 가르침을 발견할 수 있을 것이다. 게이나 레즈비언으로 살아가는 성인 자녀들을 둔 부모들은 분별력을 제공하는 성경 말씀에 귀를 기울이는 법을 더 잘 이해함으로써 자신의 자녀들을 위해 천국의 문을 열어줄 수 있을 것이고, 그 외의 다른 모든 그리스도인들은 우리를 창조하신 하나님이 왜 독점적인 권한을 행사해 남자와 여자의 역할을 일방적으로 규정하고, 성경적인 결혼을 창조의 질서로 확립해 자신을 영화롭게 하고 우리를 유익하게 하기 위한 영광스러운 제도로 정하셨는지를 깨달을 수 있을 것이다.

-로사리아 버터필드

1장
토대 : 사랑, 권위, 섹슈얼리티

사람들은 이따금 이렇게 묻는다. "내 친구는 레즈비언 목사가 담임하는 교회에 다니는 것을 자랑스럽게 생각해요. 뭐라고 말해주어야 할까요?", "다른 남자와 엮이는 사촌 오빠의 결혼식에 참석해야 하나요?", "아들은 자신의 정체성에 대해 매우 혼란스러워하고 있어요. 아들의 한 친구는 그에게 서로 사랑하기만 하면 동성애 관계를 맺어도 아무런 잘못이 없다고 말해요. 아들을 어떻게 이끌어주어야 하죠?", "왜 어떤 교회들은 성경이 동성애를 금하지 않는다고 가르치나요? 동성애에 관한 성경의 진정한 가르침은 무엇인가요?"

오늘날 동성 간의 성적 관계만큼 신앙을 고백하는 그리스도인들 사이에서 많은 논란을 일으키고 있는 문제는 찾아보기 어렵다. 교회는 거의 2,000년 동안 한결같이 동성 간의 성적 관계를 죄로 간주해 왔다. 지금은 그런 일치된 견해가 산산이 깨어졌다. 지난 몇십 년 동안, 일부 교단은 동성 간의 성애 행위들을 행하는 자들을 교인으로 받아들인 것은 물론이고, 성직자로 임명하기까지 했다. 개혁파와 복음주의권의 저술가들은, 동성애는 하나님의 율법을 어기는 죄이며, 우리 자신을 그리스도인으로 간주하려면 그리스도에게서 이 죄의 용서를 받아야 하고, 또 그분을 통해 이 죄의 지배적인 권세가 깨어져야 한다고 가르치고 있다.[1] 그러나 동성애자로 살면서 그리스도인이 될 수 있다

---

1. 이것이 기독교 교회의 역사적인 입장이다. 이런 입장을 지지하는 최근의 책들을 소개하면 다음과 같다. Sam Allberry, *Is God Antigay? And Other Questions about Homosexuality, the Bible and Same-Sex Attraction* (Epsom, Surrey, U.K.: The Good Book Company, 2013); Michael L. Brown, *Can You Be Gay and Christian? Responding with Love and Truth to Questions about Homosexuality* (Lake Mary, Fl.: Charisma House, 2014); Rosaria Champagne Butterfield, *Openness Unhindered: Further Thoughts of an Unlikely Convert on Sexual Identity and Union with Christ* (Pittsburgh: Crown and Covenant,

고 말하는 사람들과 교회들이 갈수록 늘고 있다.[2] 양측 모두 자신의 도덕적 견해가 옳다고 주장한다. 그런 논쟁을 지

2015); Mark Christopher, *Same-sex Marriage: Is It Really the Same?* (Leominster, U.K.: Day One, 2009); Kevin DeYoung, *What Does the Bible Really Teach about Homosexuality?* (Wheaton, Ill.: Crossway, 2015); Robert A. J. Gagnon, *The Bible and Homosexual Practice: Texts and Hermeneutics* (Nashville: Abingdon Press, 2001); R. Albert Mohler Jr., ed., *God and the Gay Christian? A Response to Matthew Vines* (Louisville, Ky.: SBTS Press, 2014), free ebook accessed August 4, 2015, available from http://sbts.me/ebook, henceforth cited as *Response to Matthew Vines*; Synod of the Reformed Presbyterian Church in North America (RPCNA), *The Gospel and Sexual Orientation*, ed. Michael Lefebvre (Pittsburgh: Crown and Covenant, 2012); James R. White and Jeffrey D. Niell, *The Same Sex Controversy* (Bloomington, Minn.: Bethany House, 2002); Donald J. Wold, *Out of Order: Homosexuality in the Bible and the Ancient Near East* (Grand Rapids: Baker, 1998).

2. Tom Horner, *Jonathan Loved David: Homosexuality in Biblical Times* (Philadelphia: Westminster Press, 1978); David G. Myers and Letha Dawson Scanzoni, *What God Has Joined Together? A Christian Case for Gay Marriage* (New York: Harper Collins, 2005); Pim Pronk, *Against Nature? Types of Moral Argumentation Regarding Homosexuality*, trans. John Vriend (Grand Rapids: Eerdmans, 1993); Letha Dawson Scanzoni and Virginia Ramey Mollenkott, *Is the Homosexual My Neighbor? A Positive Christian Response*, rev. ed. (New York: HarperCollins, 1994); Dan. O. Via and Robert A. J. Gagnon, *Homosexuality and the Bible: Two Views* (Minneapolis: Augsburg Fortress, 2003); Matthew Vines, *God and the Gay Christian: The Biblical Case in Support of Same-Sex Relationships* (Colorado Springs: Convergent Books, 2014).

켜보는 외부인들은 혼란스러워하며 "그리스도인들은 과연 동성애에 대해 어떤 시각을 갖고 있는가?"라고 물을 것이 틀림없다.[3]

우리는 이 책을 통해 동성애 욕구와 행위에 관한 성경의 기본적인 가르침을 제시하고, 다른 견해를 가진 자들이 종종 펼치는 논증에 대한 답변을 제시할 생각이다. 책의 부피가 작기 때문에 동성애 성향을 지닌 사람들을 사랑으로 섬

---

3. 심지어는 용어조차도 혼란스러울 수 있다. 이전의 저술가들은 남자와 남자의 성행위를 "남색(sodomy)"으로 일컬었다. 이 용어는 소돔이라는 고대의 도시와 관련이 있다. "동성애(homosexuality)"라는 용어가 등장한 것은 19세기 후반부터였다. 오늘날의 대중매체는 "게이"와 "레즈비언"이라는 용어를 선호한다. *The Associate Press Stylebook and Briefing on Media Law, 2013* (New York: Basic Books, 2013), 114를 보라. 어떤 사람들은 그것에 양성애자(bisexual)와 성전환자(transgender)를 포함시켜 "LGBT"라는 두문자어를 사용하기도 한다. 성전환자는 자신의 생물학적인 젠더와 다른 젠더를 소유하고 있다고 생각하는 사람을 가리킨다. 어떤 사람들은 이런 용어들이 퀴어 섹슈얼리티를 지나치게 단순화시킨 것으로서 매우 제한적이며 유동적이고 변하기 쉬운 성적 욕구를 올바로 설명하지 못한다고 지적한다. 이밖에도 "동성 간의 끌림(same-sex attraction)"이라는 용어가 사용되기도 한다. 물론, 이 용어는 성적인 끌림과 감정적인 끌림을 적절히 구별하지 못한다. 우리는 이 책에서 "동성애(homosexual)"라는 용어를 주로 사용했다(여기에서 "호모"라는 라틴어는 "인간"이 아닌 "동일한"을 의미한다). 그 이유는 이 용어가 남자들 간의 성애와 여자들 간의 성애를 모두 포괄하는 의미를 지니고 있기 때문이다. 이 용어에는 성적 지향은 절대 불변한다는 개념이 함축되어 있지만 우리는 그런 개념에는 동의하지 않는다.

기는 방법이나 하나님의 말씀을 적대시하는 문화적, 정치적 환경 속에서 그리스도인으로 살아가는 방법과 관련된 실천적인 문제들을 모두 다 다루기는 역부족이다. 그러나 우리는 이 작은 책이 하나님의 백성들에게 사랑으로 진리를 말하는 법을 배울 기회를 제공하는 실천적인 도구가 될 수 있도록 최선을 다할 것이다.

우리는 무엇을 근거로 성에 관한 결정을 내리는가? 과연 무엇이 어떤 사람에게 그런 개인적인 문제를 도덕적으로 판정할 권한을 제공하는가? 젠더와 결혼의 의미에 대한 권위 있는 지식을 우리는 어디서 발견하는가?

사랑의 법과 성경의 가르침

동성애 문제는 매우 개인적인 특성을 띤다. 이 논쟁에서 가장 중요한 요소가 세상의 법규나 정부의 정책이 아니라 하나님이 예수 그리스도의 복음을 통해 자기와 올바른 관계를 맺도록 이끄시는 인격체인 사람이기 때문이다. 때로 그들은 우리가 알고 있는 사람들, 곧 우리와 가까운 사람들일 수 있다. 하나님은 우리에게 그들을 사랑하라고 요구하신다. "네 이웃 사랑하기를 네 자신과 같이 사랑하라"(레 19:18)는 명령은 "네 마음을 다해 너의 하나님을 사랑하라"는 명령 다음으로 중요한 두 번째 계명에 해당한다(마 22:37-39).

어떤 사람들은 "네 이웃을 사랑하라"는 명령 이상의 것을 논의할 필요가 없다고 주장한다. 그들은 사랑의 법 외에 다른 절대적인 법은 없다고 말한다. 그들은 동성애를 거부하면 동성애에 끌리는 성향을 지닌 사람들에게 큰 해를 끼칠 수밖에 없다는 논리를 내세워 성경의 가르침을 무시하거나 재해석하려고 애쓴다.[4] 동성애를 죄로 규정하는 것이 사람들에게 해를 끼친다면 그것은 잘못된 것이 틀림없다는 것이다.[5] 어떤 사람은 "사람들을 해롭게 하고, 압제하

---

4. Scanzoni and Mollenkott, *Is the Homosexual My Neighbor*, 1–3, 6, 28–29, 43, 46, 51–52. Vines, *God and the Gay Christian*, 12, 18–19, 25, 29–30, 50, 95–96, 129, 156–58, 165–67, 169–72.

5. Vines, *God and the Gay Christian*, 14, 129. 좋은 열매를 맺으라는 그리스도의 비유를 바인스가 오용한 것에 관하여는, Denny Burk, "Suppressing the Truth in Unrighteousness: Matthew Vines' Take on the New Testament," in *Response to Matthew Vines*, 55를 보라.

고, 파괴하는 해석은 올바른 해석이 아니다."라고 말했다.[6] 사람들은 교회가 동성애자들을 아무런 조건 없이 받아들이는 것이야말로 하나님의 사랑이 요구하는 것이라고 주장한다.

물론, 그리스도인들의 격한 행위나 잔인한 말로 인해 사람들이 깊은 상처를 받는 일이 적지 않다. 성경은 비방과 살인을 금지한다. 자신이 레즈비언이라는 사실을 숨기고 지내는 한 여성은 "우리 교회 교인들이 동성애자들도 그리스도를 통해 변화될 수 있다는 것을 진정으로 믿는다면 우리에 관해 말을 하거나 기도를 드릴 때 그런 식으로 증오심을 표출하지는 않을 거예요."라고 말했다.[7] 그녀가 느끼는 고통이 생생하게 느껴진다. 그리스도인들은 죄인들을 사랑하시는 그리스도를 본받지 못한 죄와 자신도 똑같은 죄인이라는 사실을 인정하고 겸손히 처신하지 못한 죄를

---

6. Dale Martin, cited in Brown, *Can You Be Gay and Christian?*, 201.

7. 익명, Rosaria Champagne Butterfield, *The Secret Thoughts of an Unlikely Convert: An English Professor's Journey into Christian Faith*, expanded ed. (Pittsburgh: Crown and Covenant, 2015), 25에서 인용함.

회개해야 한다.

그러나 성경은 또한 회개하지 않은 동성애가 사람들에게 해를 입힌다고 가르친다. 동성애는 사람들을 타락시키고(롬 1:27), 하나님의 나라에 영원히 들어가지 못하게 하는 결과를 초래한다(고전 6:9, 10). 사랑은 오래 참으며 친절하지만, 죄를 기뻐하지 않고 진리를 기뻐한다(고전 13:4, 6). 따라서 우리는 사랑으로 진리를 말하고, 우리의 죄를 회개하면서 다른 사람들에게도 회개를 촉구해야 한다(엡 4:15, 마 4:17, 7:5).

사랑의 법만이 유일하다는 주장은 하나님의 말씀에 순종하는 것이 아니라 상황 윤리, 곧 성경의 가르침을 거부하고 우리의 주관적 감정을 따르는 도덕적인 상대주의를 내세우는 것이다. 그리스도께서는 "서로 사랑하고, 성경의 다른 가르침은 신경 쓰지 말라."고 가르치시지 않았다. 그리스도는 구체적인 명령과 가르침을 많이 말씀하셨다. 하나님의 말씀을 등한시한다면 사람들을 해치는 것과 치유하는 것, 속박하는 것과 자유롭게 하는 것, 파괴하는 것과 구원하는 것을 어떻게 구별할 수 있겠는가? 그리스도께서는 하나님의 율법을 폐하기 위해서 오신 것이 아니라 완성하기 위해 오셨다(마 5:17). 그분은 "너희가 나를 사랑하면 나의 계명을 지키리라"(요 14:15)라고 말씀하셨다. "우리가 하나님을 사랑하고 그의 계명들을 지킬 때에 이로써 우리가 하나님의 자녀를 사랑하는 줄을 아느니라"(요일 5:2)라는 말씀대로, 하나님의 율법은 우리에게 사랑의 의미를 깨우쳐 준다. 따라서 우리는 서로를 사랑해야 하며, 또한 하나님이 무엇을 명령하시는지를 성경에서 배워야 한다.

성적 지향과 성경의 권위와 충족성

이런 문제를 옳게 다루려면 인간의 권위 이상의 것이 필요하다. 사람들은 이 논쟁과 관련해 종종 심리학자, 신학자, 생물학자, 사회학자, 법률가와 같은 전문가들의 견해를 근거로 자신의 의견을 개진하려고 시도한다. 그런 전문가들의 견해는 유익하지만, 그들도 한갓 인간일 뿐이기 때문에 오류를 저지르거나 서로 모순되는 주장을 펼칠 때가 많다. 그리스도인들은 "양심의 주인은 오직 하나님뿐이시다."라고 주장해 왔다.[8] 따라서 오직 하나님의 말씀만이 그분을 기쁘시게 하는 일에 관한 기준을 결정할 수 있다.

신구약 성경은 기록된 하나님의 말씀이다. 바울은 디모데후서 3장 16, 17절에서 "모든 성경은 하나님의 감동으로 된 것으로 교훈과 책망과 바르게 함과 의로 교육하기에 유익하니 이는 하나님의 사람으로 온전하게 하며 모든 선한 일을 행할 능력을 갖추게 하려 함이라"라고 말했다.

앞으로 살펴보겠지만 성경은 동성애에 관해 분명하게 가르치고 있고, 그것을 그리스도를 통해 구원받아야 할 죄라고 반복적으로 정죄한다. 동성애를 긍정적으로 언급한 내용은 성경 어디에도 없다. 이것은 동성애의 관계를 독려하는 사람들조차도 인정하는 사실이다.[9]

---

8. Westminster Confession of Faith (20.2), in *Reformed Confessions of the Sixteenth and Seventeenth Centuries in English Translation: Volume 4, 1600–1693*, comp. James T. Dennison (Grand Rapids: Reformation Heritage Books, 2014), 257. The London Baptist Confession of 1677/1689 (21.2)는 동일한 내용을 고백한다. (4:557).

9. "성경은 동성애를 언급할 때마다 항상 그것을 죄로 정죄한다." Pronk, *Against Nature*, 279. Via writes, "동성애 행위에 대해 구체적으로 다루는 성경 본문들은 무조건적으로 그것을 정죄한다." Via and Gagnon, *Homosexuality and the Bible: Two Views*, 93. See also Luke Timothy

성경이 동성애를 죄로 분명하게 규정하는데 어떻게 그리스도인이라고 자처하면서 동성애를 정당화할 수 있단 말인가? "성경은 개인의 성적 지향에 관한 현대적 이해에 대해서는 말하고 있지 않다."라는 식의 반론이 종종 제기된다.[10]

이에 대해 우리는 먼저 "성적 지향sexual orientation"이 무슨 의미인지부터 따져봐야 한다. "미국 심리학협회"에 따르면, "성적 지향은 남자나 여자, 또는 양성을 상대로 감정적, 낭만적, 그리고/또는 성적 끌림을 느끼는 것을 의미한다."[11] 이처럼 지향이란 사회적, 성적 욕구와 관련된 개인

Johnson and Diarmaid MacCulloch, cited in DeYoung, *What Does the Bible Really Teach about Homosexuality?*, 132.

10. Hendrik Hart, foreword to Pronk, *Against Nature*, xi; Vines, *God and the Gay Christian*, 21–41, 129. 앨버트 몰러는 바인스에 대해 이렇게 말한다. "그의 주된 주장은 성경이 성적 지향이라는 카테고리 자체를 가지고 있지 않다는 것이다." Mohler, "God, the Gospel and the Gay Challenge: A Response to Matthew Vines," in *Response to Matthew Vines*, 14.

11. American Psychological Association, *Answers to Your Questions: For a Better Understanding of Sexual Orientation and Homosexuality* (Washington, DC: American Psychological Association, 2008), 1, accessed August 4, 2015, https://www.apa.org/topics/lgbt/

적 경험에 근거하는 매우 불명확하고, 막연한 개념이다.[12] 성경은 동성 간의 감정적인 친밀감과 우정을 매우 긍정적으로 취급한다. 그러나 성경은 "지향"이라는 용어를 사용하지는 않지만 남자가 남자에게 성적 욕구를 느끼거나 여자가 여자에게 성적 욕구를 느끼는 것에 대해 분명하게 언급하고 있으며, 그런 욕구를 죄로 정죄한다(롬 1:26, 27). 따라서 성경은 개인의 성적 끌림의 지향에 대해 참으로 다루고 있다. 성경에는 빠진 부분이 있기 때문에 성적 지향에 관한 인간의 지혜로 그것을 메워야 한다는 주장은 온당하지 않다.

그러나 성적 지향에 관한 현대적 개념은 단지 욕구를 묘사하는 데 그치지 않고, 정체성identity과 인격성personhood에 관한 새로운 정의를 확립하는 데까지 나아간다. 성경은 하나님의 형상으로 창조된 사실에서 우리의 정체성이 발견된다고 가르친다(창 1:26). 우리의 삶은 하나님의 뜻과 그분과의 관계를 통해 결정된다. 그러나 현대의 세속적인 관점은

---

orientation.pdf.

12. Mohler, "God, the Gospel and the Gay Challenge," in *Response to Matthew Vines*, 18.

우리의 감정과 감정적 경험 안에서 인간의 정체성이 발견된다고 주장한다.[13] 이런 관점은 낭만주의로 알려진 철학 운동에서 비롯되었다. 심리학자들은 프로이트 이후로 줄곧 성적인 느낌에만 초점을 맞춰 인간의 정체성을 논했다.[14] 우리의 정체성을 결정짓는 방식이 근본적으로 변화하자 사람들이 "동성애적인 성적 지향"을 자신들의 기본적인 정체성으로 주장하는 결과가 초래되었다. 그 결과 동성애의 선함에 대한 비판은 곧 그들의 인격에 대한 비판으로 간주된다. 우리는 이런 왜곡된 정체성 의식을 거부해야 한다. 변하기 쉬운 감정과 경험이 우리를 규정할 수는 없다. 하나님은 만물의 창조주요 주님이시다. 그분은 말씀으로 우리를 창조하셨고, 계속해서 말씀으로 우리를 규정하신다. 우

---

13. 이것은 계몽주의와 낭만주의 철학이 혼합되어 나타난 현대적 이원론의 한쪽 면을 반영한다. 현대의 관점은 진리를 서로 다른 두 가지 범주로 나눈다. 하나는 과학적, 경험적, 물리적, 결정론적인 것이고, 다른 하나는 개인적, 감정적, 영적이고, 자유로운 것이다. Nancy R. Pearcey, *Total Truth: Liberating Christianity from Its Cultural Captivity* (Wheaton, Ill.: Crossway, 2004), 101–109. 개인적인 문제는 순전히 주관적인 것으로 여겨진다. 이러한 태도는 하나님의 권위를 거부하는 것이다.

14. Butterfield, *Openness Unhindered*, 94–95.

리의 정체성에 관한 가장 기본적인 질문은 "내가 어떻게 느끼는가?"가 아니라 "내가 하나님의 형상을 지닌 존재로서 어떻게 그분을 나타내고 있는가?"이다.

따라서 그런 식의 반론은 죄에 대한 성경의 가르침을 잘못 이해한 것이다. 모든 죄가 의지에서 비롯한 직접적인 행위이거나 의식적인 선택의 결과인 것은 아니다. 십계명의 마지막 계명에서 알 수 있는 대로 악한 욕망도 죄에 포함된다(출 20:17). 인간은 본래의 의로운 상태에서 타락했기 때문에 근본적으로 하나님을 적대시하는 성향을 지니고 있다. 인간의 욕구는 부패한 정욕으로 변질되었고, 인간의 마음은 악해졌다(창 3:6, 6:5, 8:17, 렘 17:9, 롬 3:10-12, 8:7, 8, 엡 2:3). 그리스도 안에 있는 신자들은 성령을 통해 변화되어 "속사람으로는 하나님의 법을 즐거워하지만" 선을 행하려고 할 때 그들 안에 악이 공존하는 것을 느낀다(롬 7:21, 22). 성경은 이 내주하는 악을 "죄"로 일컫는다(롬 7:20). 이처럼 악한 선택과 행동을 유발하는 부패한 욕망은 우리의 죄악된 본성의 일부다.¹⁵⁾ 따라서 동성애를 지속적인 욕구를 통해 인격 안에 깊이 뿌리박혀 있는 어떤 것으로 보는 시각은 옳지 않다. 우리의 욕구 가운데 대부분은 죄로 인해 심각하게 오염되었다. 만일 개인의 욕구가 성경이 금지하는 것을 원한다면 그것은 죄에 해당한다. 동성에게 감정적인 애착이나 사회적 욕구를 느끼는 것은 아무런 문제가 없다. 그러나 동성을 향한 성적 끌림은 죄악된 것이다.

어떤 사람들은 성경 저자들이 현대 과학이 발견한 사실, 곧 생물학적 원리가 뇌의 구조나 호르몬이나 유전자를 통해 성적 지향을 결정한다는 사실을 모르고 있었다는 반론을 제기할지도 모른다. 그러나 그런 반론은 과학의 발견을 오인한 것이다.¹⁶⁾ 전문적인 심리학자들과 정신과 의사들은 사람들이 자신의 욕구를 의식적으로 선택하지 않을 때가

---

15. 죄에 대한 이런 견해는 개혁파 신앙의 가장 뚜렷한 특징 가운데 하나다. (아우구스티누스의 가르침을 따르는) 이런 개혁파의 견해는 부패한 욕구를 죄가 아닌 결함으로 간주하는 로마 가톨릭주의의 가르침과 분명하게 구별된다. Denny Burk, "Is Homosexual Orientation Sin?" *Journal of the Evangelical Theological Society* 58, no. 1 (2015): 97-99.

16. Christopher, *Same-sex Marriage*, 29-32.

많지만 그렇다고 해서 그런 욕구의 원인을 단순히 생물학적 원리에만 국한시킬 수는 없다고 인정한다. 그들은 생물학적 원리와 개인적인 경험이 어떤 식으로 성적 지향을 형성하는지를 명확하게 이해하기는 어렵다고 말한다.[17] 성적 지향이 단지 유전자에 의해 결정된다면 일란성 쌍둥이는 둘 다 성적 지향이 같아야 하지만 그렇지 않은 경우가 많다.[18]

---

17. "개인이 정확히 어떤 이유로 이성애자나 양성애자나 동성애자의 지향을 띠게 되는지는 과학자들 사이에서도 의견이 분분하다…타고난 본성과 양육의 과정이 복합적인 영향을 미친다고 생각하는 사람들이 많다. 대다수 사람은 자신의 성적 지향을 의식적으로 선택하지 않는다." American Psychological Association, *Answers to Your Questions: For a Better Understanding of Sexual Orientation and Homosexuality*, 2. "'미국 정신과협회'는 동성애자나 이성애자를 막론하고 성적 지향의 원인은 현재로서는 정확히 알 길이 없다고 말한다. 그들은 그런 원인이 생물학적이거나 행동학적인 원인을 비롯해 여러 가지일 수 있고, 또 그것들이 개인마다 다르고, 시간이 흐르면서 달라질 수 있다고 믿는다." American Psychiatric Association, "Position Statement on Issues Related to Homosexuality" (2013), accessed August 5, 2015, http://www.psychiatry.org/File%20Library/Learn/Archives/Position-2013-Homosexuality.pdf.

18. "성적 지향은 불변하는 생물학적 원리가 아니다…만일 그렇다면 일란성 쌍둥이의 일치율이 그렇게 낮을 리가 없을 것이다(즉 쌍둥이들은 항상 성적 성향이 똑같아야 하지만 실제로는 그렇지가 않다)." DeYoung, *What Does the Bible Really Teach about Homosexuality*, 112. Gagnon, *The*

설혹 특별한 생물학적 요인이 동성애 성향을 부추긴다고 하더라도 그런 성향이 죄가 아니라는 증거가 될 수는 없다. 성경은 원죄가 인간의 몸과 영혼을 무질서하게 만들었기 때문에 심지어 우리의 몸도 쳐서 복종시켜야 하고, 또 더러움에서 깨끗하게 해야 한다고 가르친다.[19] 만일 어떤 사람이 강간범이 될 유전적 성향을 지니고 있다고 하더라도 그것이 성폭력을 정당화하는 근거가 될 수는 없을 것이 분명하다.

반론자들은 이유야 어떻든 변하지도 않고 변할 수도 없는 동성애 성향을 타고난 사람들이 있다고 주장하기도 한다. 이것은 흔히 제기되는 주장이지만 의심스럽기는 마찬가지다. 심리학자들은 남녀 모두에게 "성적 유동성(성적 욕구가 불변하지 않고, 상황이나 관계에 따라 변할 수 있다는 것)"이 존재한다고 말한다.[20] 동성애자를 자처하는 사람들 가운데 이성에

Bible and Homosexual Practice, 403–406을 보라.

19. Rom. 6:19; 7:24; 8:10, 13; 1 Cor. 9:27; 2 Cor. 7:1. See RPCNA, *Gospel and Sexual Orientation*, 14.

20. Lisa M. Diamond, *Sexual Fluidity: Understanding Women's Love*

게 성적 욕구를 느낀다고 말하는 사람들이 상당히 많다.[21] 동성애의 성향을 지닌 일부 사람들은 동성애 욕구를 낮추고, 이성애의 욕구를 높이려고 노력했더니 효과가 있었다고 말한다.[22] 더욱 중요한 것은, 성경이 성령께서 전에 동성 간의 성애 행위를 좋아하며 행했던 사람들을 참으로 변

---

and Desire (Cambridge: Mass.: Harvard University Press, 2009); "Just How Different are Female and Male Sexual Orientation?" video lecture, October 17, 2013, *Cornell University*, accessed August 7, 2015, http://www.cornell.edu/video/lisa-diamond-on-sexual-fluidity-of-men-and-women. 그녀는 "섹슈얼리티의 일반적인 특징으로서의 유동성"이 모든 형태의 성적 성향을 지닌 남녀에게 적용된다고 주장한다. 다이아몬드는 유타대학교에서 심리학 교수로 일하고 있는 페미니스트이자 레즈비언이다. Joe Kort, "Going with the Flow: Male and Female Sexual Fluidity," *Huffington Post: Gay Voices*, updated 4/10/2015, accessed August 7, 2015, http://www.huffingtonpost.com/joe-kort-phd/going-with-the-flow-male-_b_6642504.html을 보라. 코트의 블로그에는 거슬리는 말들이 더러 포함되어 있다. 버터필드는 "내가 경험한 LGBT 공동체에 속한 사람 가운데 아무도 자신이 그런 식으로 태어났다고 주장한 적이 없다. 우리는 섹슈얼리티가 유동적이라고 믿는다."라고 말했다. Butterfield, *Openness Unhindered*, 108.

21. Diamond, "Just How Different are Female and Male Sexual Orientation?" video lecture.

22. Gagnon, *The Bible and Homosexual Practice*, 418–29; Stanton L. Jones and Mark A. Yarhouse, *Ex-Gays? A Longitudinal Study of Religiously Mediated Change in Sexual Orientation* (Downers Grove, Ill.: IVP Academic, 2007), 325.

화시켜 예수 그리스도 안에서 그들에게 새로운 정체성과 새로운 삶의 길을 제공하셨다고 가르친다는 것이다(고전 6:9-11). 거듭 강조하지만, 하나님은 이 문제에 관해 분명하게 말씀하셨다. 동성애를 즐겼던 사람들도 그 죄를 회개하고 그 죄에서 구원받을 수 있다.

위에서 제기된 반론은 역사를 통해서도 거짓으로 드러난다. 현대 세계와 성경을 양분하는 것은 옳지 않다. 오늘날과 같은 상황은 고대 세계에도 이미 잘 알려져 있었다. 그리스-로마 문화는 남자가 다양한 방식으로 성적 활동을 즐기는 것을 사회적으로 용인했다. 한 남자가 아내와 성생활을 하면서 여성 창녀와 잠자리를 같이하기도 하고, 다른 남자와의 성애와 남색을 즐기기도 했다. 또 10대 소년과의 성관계도 사회적으로 용인되었고, 아내 외에 다른 여성들과 불륜을 저지르는 일도 많았다. 다양한 남자들이 다양한 상황에서 다양한 성적 취향을 드러냈을 뿐, 동성애 대 이성애의 성적 지향이라는 이원론적인 대립 개념은 존재하지 않았다.[23] 성경도 그런 개념을 가르치지 않기는 마찬가지다.

이밖에도 바울 사도가 남자들 사이에서 이루어지는 다정하고 긍정적인 성애를 이해하지 못했기 때문에 문란하거나 성적 학대를 일삼는 관계에 대해서만 엄중히 경고했다는 반론이 제기되기도 한다.[24] 그러나 그리스-로마 시대의 사람들이 우리가 오늘날 알고 있는 성적 관계를 온전히 이해하지 못했다는 주장은 사실이 아니다.[25] "동성 간의 관계는…한 남자가 사회적 신분이 낮은 사람을 지배하는 상

---

23. William L. Petersen, "Can ΑΡΣΕΝΟΚΟΙΤΑΙ Be Translated by 'Homosexuals'?" *Vigiliae Christianae* 40, no. 2 (June 1986): 188; Vines, *God and the Gay Christian*, 31-36.

24. "동성 간의 성행위를 언급하고 있는 몇 곳 안 되는 성경 구절들을 살펴보면 그 행위가 우상숭배, 폭력적인 강간, 강렬한 육욕, 이기적인 성 착취, 난혼 등을 다루는 문맥 속에 나타나는 것을 알 수 있다. 성경은 현대의 과학을 통해 이해되는 동성애 성향이나 성별이 같은 두 사람이 서로 인생의 동반자가 되기로 언약하고 사랑을 나누는 관계에 관해서는 아무 말도 하지 않는다." Myers and Scanzoni, *What God Has Joined Together*, 84-85.

25. DeYoung, *What Does the Bible Say about Homosexuality?*, 83-86. 그는 토머스 허버드(Thomas Hubbard, 불신자), 윌리엄 로더(William Loader, 동성 결혼 주창자), 베르나데타 브루튼(Bernadette Brooten, 레즈비언), N. T. 라이트(N. T. Wright, 성공회 주교), 루이스 크럼프톤(Louis Crompton, 게이) 등의 학자들의 발견을 인용한다.

황에서만 인정되었다."라는 바인스의 말은 틀렸다.[26] 특히 노예들과 관련해 그런 억압적인 관계가 존재했던 것은 분명하지만 헬라의 영웅 하르모디오스와 아리스토게이톤과 같은 귀족 계층에 속한 동성 애인도 존재하였다. 일부 고대의 해석에 따르면 아킬레우스와 파트로클로스도 그런 관계를 맺었다고 한다. 플라톤의 《향연》에 등장하는 파우사니우스와 아가톤은 성인 남성으로서 성적 관계를 맺었다. 소년들과 성적 관계를 맺고 그러한 관계가 일평생의 사랑으로 이어진 남자들에 대해 파우사니우스는 언급했다.[27] 이처럼 고대 세계도 두 남자가 소위 "긍정적이고, 헌신적인 관계"를 맺을 수 있다는 것을 알고 있었다.

따라서 성경의 가르침을 동성애의 지향에 적용하는 것이 부적절하다는 주장은 옳지 않다. 성경 저자들은 그런 관계에 관해 잘 알고 있었다. 그들은 그런 관계를 포함해 모든 형태의 동성애를 금지했다.

---

26. Vines, *God and the Gay Christian*, 37.
27. Plato, *Symposium*, 181d. See Gagnon, *The Bible and Homosexual Practice*, 351–52.

그리스도인들은 성경이 우리의 믿음과 실천을 인도하는 지침이 되기에 불충분하다는 견해를 수용해서는 안 된다. 바울은 하나님이 도덕적인 책망과 바르게 함을 비롯해 자신의 종들을 "온전하게 하여 모든 선한 일을 행할 능력을 갖추게 할" 목적으로 성경을 허락하셨다고 말했다(딤후 3:16, 17). 성경은 우리의 도덕적 지침이 되기에 충분하다. 성경이 동성애에 관해 온전한 가르침을 제공하고 있지 않다고 말하는 것은 영감을 주어 성경을 기록하게 하신 하나님의 지혜를 부인하는 것이다. 동성애는 새로운 이슈가 아니다. 사랑이 풍성하신 하나님이 수천 년 동안 자기 백성들이 그들의 섹슈얼리티에 관해 불충분한 견해를 갖도록 방치하셨다는 것이 과연 가당키나 한 생각일까?

만일 성경 저자들이 섹슈얼리티와 같은 중요한 문제를 다루지 않았다면 "도대체 성경이 인간을 이해하고 있기나 한 것일까?"라고 묻지 않을 수 없을 것이다. 앨버트 몰러의 말을 빌리면, 이 물음은 "성경이 인간을 잘 이해하고 있다거나 하나님이 인간의 성을 창조하신 목적을 잘 보여주고 있다거나 죄를 일관되게 정의하고 있다고 믿기가 어렵다."

는 의미다.[28] 바꾸어 말해, 이것은 하나님께 순종함으로써 그분이 말씀을 통해 우리의 신념을 이끌고, 우리의 경험을 해석하시게끔 하지 않고, 오히려 우리의 감정과 경험이 성경에 대한 우리의 신념과 해석을 좌우하도록 허용하는 것과 같다.[29]

성경은 동성애를 비롯해 인간의 섹슈얼리티에 관해 온전한 가르침을 제시한다. 우리는 그 가르침에 귀를 기울여야 한다. 사회학의 결론들은 중립적이고 객관적인 사실이 아니다. 사람들의 글은 당시의 시대 정신에 크게 영향을 받는다. 인간의 말이 하나님의 말씀과 충돌할 때는 하나님의 말씀에 순종해야 한다.

---

28. R. Albert Mohler Jr., "God, the Gospel and the Gay Challenge," in *Response to Matthew Vines*, 19.

29. "바인스는 자신의 책 서두에서 경험이 성경에 대한 우리의 해석을 지배해서는 안 된다고 주장했다. 그러나 실제로는 동성애 성적 지향이라고 그가 지칭한 것에 대한 그 자신의 경험이 그의 책 전체를 지배하고 있다. 그는 그런 경험적인 문제를 토대로 성경 본문들을 상대화하면서 영감을 받아 성경을 기록한 인간 저자들은 현대적인 동성애의 경험을 알지 못했기 때문에 자신의 성적 지향에 관한 성경의 직접적인 가르침은 어디에도 존재하지 않는다고 주장했다." Mohler, "God, the Gospel and the Gay Challenge," in *Response to Matthew Vines*, 18.

하나님의 창조 질서에 나타난 인간의 젠더와 섹슈얼리티와 결혼

동성애에 관한 성경의 가르침을 이해하려면 한 걸음 물러서서 인간과 성적 관계에 관한 성경의 가르침을 생각해봐야 한다. 하나님은 인류의 기원에 관한 역사적 설명을 제시하고 있는 창세기에 그런 진리들의 초석을 마련해 놓으셨다. 창세기 1장은 인간에 관해 몇 가지 중요한 사실들을 가르치고 있다.

1. 하나님은 자신의 형상으로 인간을 창조하셨다(창 1:27). 인간은 짐승이 아니라(창 1:24, 25), 세상을 다스림으로써 하나님의 성품을 반영하도록 설계된 특별한 피조물에 해당한다(창 1:26, 28). 이런 사실은 인간이 비록 죄로 인해 비참한 상태로 타락했더라도(창 3장), 인간의 생명은 고귀하며(창 9:6), 인간은 존엄한 존재라는(약 3:9) 가르침을 일깨워준다. 하나님은 자신의 영광을 위해 인간을 창조하셨다(사 43:7). 인간에게는 고귀한 소명이 주어졌다.

따라서 우리는 일부 동물들과 유사한 신체적 특성을 띠고 있지만, 동물처럼 행동하거나 우리의 행동을 동물의 행동과 비교함으로써 우리 자신을 정당화하려고 해서는 안 된다. 우리의 삶은 육체적인 욕구를 넘어서는 깊은 의미를 지닌다. 우리는 하나님을 위해 존재하는 영적 존재다. 우리에게는 영혼이 있다. 우리는 하나님의 영광을 위해 창조된 인격체이기 때문에 창조주 앞에서 책임 있게 행동해야 한다. 우리는 모든 사람을 공경하며 존중해야 한다(벧전 2:17).

2. 하나님은 인간을 두 개의 독특한 성으로 창조하셨다. "하나님이…남자와 여자를 창조하시고"(창 1:27). 하나님은 먼저 흙으로 남자를 창조하시고, 그에게 율법을 주어 그를 여자가 필요로 하는 지도자로 세우신 후(창 2:9, 15, 17, 엡 5:23, 딤후 2:13, 14), 남자의 갈빗대를 취해 여자를 창조하셨다. 여자는 남자를 "돕는 배필," 곧 동일한 인간의 본성을 공유하는 남자의 조력자였다(창 2:18, 21-23). 남자와 여자 모두 하나님의 세계를 다스리는 권위와 존엄성을 지녔지만 남성과 여성이라는 점에서 서로 구분되었다(창 1:27, 28).

이런 사실은 젠더가 단지 개인적인 사고 경향이나 사회적 구성물이 아닌 하나님의 창조 질서를 통해 확립된 것이라고 가르친다. 하나님이 여섯째 날에 인간을 창조하시면서 첫 남자와 여자의 젠더를 정하셨다. 그 후로 태어난 후손들의 젠더는 모태에 잉태되는 순간에 정해진다.[30] "남자"와 "여자"로 번역된 용어들은 인간은 물론이고 동물에게도 똑같이 적용될 수 있다.[31] 이것은 인간의 젠더가 남자나 여자의 물리적인 성^{sex}에 대응한다는 의미를 지닌다.[32] 남자와 여자 모두 하나님의 형상을 공유하지만, 하나님은 그들이 자신의 영광을 위해 서로 다르게 기능하도록 설계하셨다. 남자는 남자답게 살고, 여자는 여자답게 사는 것이 가장 유

---

30. 어떤 사람들은 남성과 여성의 성기를 모두 지니고 태어난다(간성). 그러나 이것은 매우 드문 생물학적 기형으로 인간의 타락으로 빚어진 결과 가운데 하나다. 간성으로 태어난 사람들도 대부분 성장하면서 남성이나 여성 둘 중 하나로 발전한다. 이런 상태는 동성애나 성전환과는 다르다.

31. 창 6:19; 7:3, 9, 16.

32. 성기의 형태와 상관없이 두뇌 생체학이나 개인의 실제 성과 반대되는 성에서 더 흔히 발견되는 인격적 기질을 근거로 젠더 정체성을 부여하려는 시도는 유익하지 않다. 야곱과 에서는 성격이 판이했지만 똑같이 남성이었다. RPCNA, *Gospel and Sexual Orientation*, 23 – 28.

익하다(창 1:31). 남녀는 서로의 차이를 없애려고 하거나 젠더 없는 사회를 구축하려고 애쓰지 말고, 동등하지만 서로 다른 인격체로 살면서 심지어는 옷차림새와 머리 모양까지 서로 다르게 꾸미는 것이 좋다(신 22:5, 고전 11:14-16).[33]

여기에서 성경의 가르침은 성전환 의식transgenderism(태어날 때의 생물학적인 성과는 다른 젠더 정체성을 지녔다는 개인적인 의식)과 충돌한다. 성전환 의식은 동성애와 다르다. 그것은 흔히 다른 문제로 취급된다. 케이티 스타인메츠는 "개인의 젠더 정체성과 성적 취향 사이에 구체적인 상관관계는 존재하지 않

---

33. 바인스는 "아담과 하와가 서로에게 적합했던 이유는 그들이 서로 달랐기 때문이 아니라 서로 같았기 때문이다."라고 말했다. Vines, *God and the Gay Christian*, 46. 그와는 반대로 창세기 1, 2장은 남자와 여자가 서로를 보완하는 이유는 하나님의 형상으로 창조되었다는 점에서는 서로 같고, 남자와 여자로 창조되었다는 점에서는 서로 다르기 때문이라고 가르친다. Raymond C. Ortlund, Jr., "Male-Female Equality and Male Headship: Genesis 1-3," in *Recovering Biblical Manhood and Womanhood: A Response to Evangelical Feminism*, ed. John Piper and Wayne Grudem (Wheaton, Ill.: Crossway Books, 1991), 95-112을 보라. 바인스는 아담과 하와의 동일성과 상이성이 그들의 결합을 유익하게 만든다는 것을 인정하지 않는다. 그것은 먼저 복음주의적인 상호평등주의자들에게 다음 단계의 논리(즉 두 젠더가 서로 구별되거나 상호보완적이 아니라면 성적 관계에서 그 둘의 상호 교체가 가능하다는 주장)를 전개하려는 그의 종합적인 전략 가운데 하나다. Mohler, "God, the Gospel and the Gay Challenge," in *Response to Matthew Vines*, 19-21을 보라.

는다. 예를 들면, 이성애자인 여성은 남성인 것처럼 살면서도 여전히 남성들에게 성적 매력을 느낄 수 있다."고 말했다.[34] 어떤 사람들은 우리 문화 속에서 고정된 젠더의 개념을 모두 없애고, 그것을 무한히 다양한 정체성이나 "옴니젠더omnigender(한 가지 이상의 젠더 정체성을 지니고 있다는 개념—역자 주)"로 대체하는 데까지 나아간다.[35] 이것은 만물을 지으신 선한 창조주 하나님이 확립하신 질서를 거스르는 것이다.

요즘에 성행하는 주장은, 젠더는 사회적 구성물이고, 성적 지향은 변하지 않는 정체성이라는 것이다. 성경의 가르침은 정확히 그와 정반대다. 마이칼 해넌은 동성애자와 이성애자라는 용어에 종종 함축되어 나타나는 성적 지향이라는 개념은 "가장 최근에 만들어진 불안정한 사회적 인공

---

34. Cited in R. Albert Mohler, Jr., *We Cannot Be Silent: Speaking Truth to a Culture Redefining Sex, Marriage, and the Very Meaning of Right and Wrong* (Nashville: Thomas Nelson, 2015), 68.

35. Virginia R. Mollenkott, *Omnigender: A Trans-Religious Approach* (Cleveland: Pilgrim Press, 2001). See the discussion in Mohler, *We Cannot Be Silent*, 72.

물에 지나지 않는다."라고 말했다.[36] 우리의 정체성은 하나님이 자기의 형상을 따라 서로 다른 두 개의 젠더로 인간을 창조하셨을 때 굳건하게 확립되었다. 몰러는 이렇게 말했다. "둘로 이루어진 젠더 체계는 사회적으로 구성된 것이 아니라 생물학적 현실에 근거하는 것이다…생물학적인 성biological-sex은 하나님이 모든 개인과 그들이 속한 인간 사회에 허락하신 선물이다."[37]

3. 하나님은 자손을 낳게 하기 위해 결혼을 통해 남자와 여자를 하나로 결합하셨다. 하나님은 그들에게 "생육하고 번성하라"(창 1:28)고 말씀하셨다. 하나님은 지속되는 성적인 결합 안에서 그들의 섹슈얼리티가 서로를 지향하게 하셨다. 하나님은 남자와 여자의 창조를 통해 자신이 의도한 결혼의 목적을 보여주셨다. 그분은 "이러므로 남자가 부모를

---

36. Michael W. Hannon, "Against Heterosexuality: The Idea of Sexual Orientation Is Artificial and Inhibits Christian Witness," *First Things*, no. 241 (March 2014): 28.

37. Mohler, *We Cannot Be Silent*, 80.

떠나 그의 아내와 합하여 둘이 한 몸을 이룰지로라"(창 2:24)라고 말씀하셨다. 주 예수 그리스도께서는 이것을 창조주 하나님의 말씀으로 인용하시면서 그것에 근거한 결혼관을 확립하라고 가르치셨다(마 19:4-6).

하나님은 혼인에 의한 성적 관계라는 권위 있는 전형을 확립하셨다. 따라서 우리는 우리의 욕망이나 생각에 따라 우리의 섹슈얼리티의 형태를 마음대로 결정할 수 없다. "남자마다 자기 아내를 두고 여자마다 자기 남편을 두라"(고전 7:2)는 것이 인간의 성적 필요에 대한 하나님의 대답이다. 결혼은 인간이 창안한 것이 아니다. 인간은 결혼을 자기가 원하는 대로 규정할 권한이 없다. 결혼은 한 남자와 한 여자가 동반자로서 살아가며 서로를 보완하게 하기 위한 하나님의 선물이다. 결혼이 자녀 출산과 관련이 있다는 사실은 자녀 출산이 결혼의 목적 가운데 하나라는 것을 보여준다. 이것은 남자와 여자의 참여를 요구한다(창 1:27, 28, 4:1, 25).

4. 하나님은 인간의 젠더와 섹슈얼리티와 결혼을 온전히

선하게 창조하셨지만(창 1:31), 인간은 하나님의 명령에 불순종함으로써 그런 행복한 상태에서 죄와 불행 속으로 타락하고 말았다. 죄가 세상에 들어왔다. 죄는 단지 그릇된 결정에 그치지 않고, 인간의 생각과 욕구를 왜곡시켰다(창 3:6). 하나님의 구원 은혜 아래에 있는 사람들을 제외한 나머지 인류에 대한 하나님의 판결은 사람의 마음이 계획하는 것이 어려서부터 항상 악하다는 것이었다(창 6:5, 8:21).

따라서 섹슈얼리티를 비롯해 그 무엇도 우리의 생각과 감정을 근거로 옳고 그름을 판단해서는 안 된다. 인간은 죄로 인해 부패해 어두워졌고, 그 결과로 사람들은 조금의 가책도 없이 성적인 죄를 저지른다(엡 4:17-19). 인간은 모든 것을 거꾸로 뒤집어놓아 하나님의 진노를 초래했다. 그분은 "악을 선하다 하며 선을 악하다 하며 흑암으로 광명을 삼으며 광명으로 흑암을 삼으며 쓴 것으로 단 것을 삼으며 단 것으로 쓴 것을 삼는 자들은 화 있을진저"(사 5:20)라고 선언하신다. 진리를 알 수 있는 희망은 오직 하나님의 말씀과 성령뿐이다.

동성애자와 이성애자라는 용어는 성적 욕구에 따라 인

간을 규정하려는 시도에서 비롯되었다. 이것은 우리의 정체성을 왜곡한다. 우리의 성적 욕구는 우리가 누구인지를 구성하는 중요한 측면 가운데 하나이지만, 우리의 정체성의 핵심과는 거리가 멀다. 로사리아 버터필드는 "만일 내가 동성애자인지 아니면 이성애자인지를 스스로 규정한다면…성적 관계와 무관한 애정을 비롯해 모든 것이 이러한 새로운 섹슈얼리티를 가진 인간상에 포괄될 것이다."라고 말했다.[38] 우리는 우리의 감정으로 우리의 정체성을 결정하려고 하지 말고, 창조주께서 부여하신 정체성을 받아들여야 한다. 우리는 "나는 동성애자야."라거나 "나는 이성애자야."라고 말하지 말고, "나는 하나님이 자신의 영광을 위해 자기의 형상대로 창조하신 남자(또는 여자)이지만 죄를 지어 타락했다."라고 말해야 한다. 회개하라는 성경의 부름은 한 가지 성적 지향을 버리고, 다른 성적 지향을 취하라는 의미가 아니다. 버터필드는 "성적 지향을 회개한다는 것은 있을 수 없다. 그 이유는 성적 지향 자체가 그릇된 전제에

---

38. Butterfield, *Openness Unhindered*, 98.

근거한 인위적인 범주에 속하기 때문이다."라고 말했다.[39]
회개하라는 부름은 성적 욕구가 우리를 규정한다는 거짓을 거부하고, 말씀의 권위에 복종함으로써 우리가 누구이고 어떤 사람이 되어야 하는지를 깨달으라는 의미를 지닌다.

성경은 인간의 섹슈얼리티에 관한 참되고 현실적인 견해를 구축할 수 있는 토대를 제공한다. "우리에게 필요한 것은 오직 사랑뿐이야."라고 말하지 말고, 하나님이 성경을 통해 상세하게 가르치신 것을 의지해야 한다. 성경은 동성애의 문제에 대해 확실하게 다룬다. 그리고 성경은 결혼을 하나님이 창조하신 두 개의 젠더, 곧 남성과 여성의 결합이라는 관점에서 바라보는 맥락에서 동성애에 대해 다룬다.

---

39. Butterfield, *Openness Unhindered*, 107.

2장
지침 : 고대 이스라엘에 주어진 동성애에 관한 하나님의 말씀

구약성경은 동성애에 관해 구체적으로 무엇을 가르치는가? 소돔에 대해 하나님이 심판하신 사실은 현대의 동성애를 정죄하는가? 고대 이스라엘 백성에게 주어진 율법이 오늘날 우리의 상황에도 적절한 이유는 무엇일까?

소돔 : 비극적인 종말을 고한 악의 도시

성경에서 동성애와 관련해 가장 잘 알려진 역사적 일화가 있다면 악하기로 유명한 도시 소돔에 관한 이야기일 것이다(창 13:13, 18:20). 아브라함은 침략자들로부터 조카 롯을 구하는 과정에서 소돔 백성을 함께 구했지만 그곳의 왕과 어떤 관계도 맺으려고 하지 않았다(창 14:21-23). 하나님은 소돔에서 의인 열 사람을 찾을 수가 없어서 불과 유황을 쏟아부어 먼 곳까지 훤히 드러날 만큼 강력하게 그곳을 멸망시키셨다(창 18:32, 19:24-29).

창세기는 두 가지 특별한 죄 때문에 그런 심판이 초래되었다고 설명한다. 첫째는 "심각한 불의" 때문이었다. 하나님은 그 도시의 "부르짖음"이 자기의 귀에 들렸다고 말씀하셨다(창 18:20, 21, 19:13). "부르짖음"을 뜻하는 히브리어는 "날카로운 외침"이나 "비명," 곧 도움을 구하는 절규를 의미한다. 이것은 대개 압제당하는 사람들이 정의를 부르짖는 것과 관련이 있다.[1] 에스겔 선지자는 부와 권력을 독점한 사람들이 소돔에서 가난한 자들을 짓밟았던 사실을 이렇게 언급했다. "네 아우 소돔의 죄악은 이러하니 그와 그

---

1. 창 4:10; 출 3:7, 9; 5:15; 22:23, 27; 민 20:16; 신 22:24, 27; 26:7; 욥 34:28의 학대와 불의의 맥락에서 צעק와 그 유사어들이 사용되는 것을 보라. Victor P. Hamilton, *The Book of Genesis, Chapters 18–50*, New International Commentary on the Old Testament (Grand Rapids: Eerdmans, 1995), 20–21.

의 딸들에게 교만함과 음식물의 풍족함과 태평함이 있음이며 또 그가 가난하고 궁핍한 자들을 도와 주지 아니하며 거만하여 가증한 일을 내 앞에서 행하였음이라 그러므로 내가 보고 곧 그들을 없이 하였느니라"(겔 16:49, 50). 소돔의 첫 번째 죄는 "교만," 곧 하나님과 동떨어져 독립적으로 행동하며 사람들을 자신의 영광과 즐거움을 위한 수단으로 이용하는 죄였다.

둘째는 "성적 도착" 때문이었다. 두 명의 천사가 사람의 형상을 하고 소돔에 나타나 롯과 함께 머무를 때, 그곳의 남자들이 "노소를 막론하고" 우르르 몰려와 롯의 집을 에워싸고, "오늘 밤에 네게 온 사람들이 어디 있느냐 이끌어 내라 우리가 그들을 상관하리라"라고 요구했다(창 19:4, 5). 이것은 새로운 사람들을 환영하겠다는 선의의 행동이 아니었다. 롯은 그것을 악으로 일컬었다(7절). "상관한다"라는 히브리어는 성관계를 뜻하는 완곡 어구다.[2] "내게 남자를

---

2. 창 4:1, 17, 25; 19:8; 24:16; 38:26; 민 31:17, 18, 35; 삿 19:25; 삼상 1:19; 왕상 1:4. 또한 70인역은 성경에서 성적으로 사용된 그리스어 συγγενώμεθα를 "알다"로 번역한다(창 39:10 등). Wold, *Out of Order*, 82, 86 –87.

가까이 하지 아니한(숫처녀인) 두 딸이 있노라"(8절)라는 롯의 말이 그들의 요구가 성적인 의미를 지녔다는 확실한 증거다.[3]

어떤 사람들은 소돔 사람들이 방문자들을 강간하려는 의도는 없었다면서 그들의 죄가 동성애 행위가 아니라 폭력적인 힘의 행사였을 것이라는 반론을 제기할 것이다.[4] 물론, 강간도 사람들에 대한 교만한 압제 행위 가운데 하나일 수 있기 때문에 그렇게 말할 수도 있겠지만 창세기의 본문은 성적인 의미를 강하게 내포하고 있다. 후대의 성경 저자들도 소돔의 죄를 성적 도착으로 이해했다. 에스겔서 16장 50절은 소돔 사람들이 거만하게 다른 사람들을 압제한 죄 외에 "가증한 일"을 저질렀다고 말한다. 에스겔은 무엇을 염두에 두고 가증하다고 말했는지 설명하지 않았지

---

3. "롯이 '남자를 알지 아니한' 딸들을 내주겠다고 말한 것으로 보아 그들의 요구가 우정이 아닌 성행위와 관련이 있다는 것이 분명하게 드러난다." Hamilton, *Genesis, Chapters 18–50*, 34. 알다(ידע)는 "여기에서 성관계를 뜻하는 의미로 사용된 것이 틀림없다. 이것은 저명한 성경 주석가들이 모두 인정하는 사실이다." Gordon Wenham, *Genesis 16–50*, Word Biblical Commentary (Nashville: Thomas Nelson, 1994), 55.

4. Myers and Scanzoni, *What God Has Joined Together?*, 86–88.

만, 이 표현은 문맥상 성적인 죄를 가리키는 비유적 표현과 밀접하게 관련된다.[5] 에스겔은 레위기를 많이 활용했다. 앞으로 살펴보겠지만 레위기에서 가증하다고 구체적으로 언급된 죄는 남색 한 가지뿐이었다.[6] 따라서 에스겔서 16장 50절의 "가증한 일"은 동성애를 저지른 소돔의 죄악을 가리킬 가능성이 크다. 《희년서》나 《열두 족장의 언약서》와 같은 BC 2세기 이후에 출현한 성경 이외의 유대 문헌들도 성적인 죄를 소돔의 가장 큰 죄 가운데 하나로 간주했다.[7]

---

5. 겔 16:22, 36. 에스겔은 성적인 죄를 우상숭배와 하나님에 대한 불신실의 생생한 비유로 사용하였다.

6. James M. Hamilton Jr., "How to Condone What the Bible Condemns: Matthew Vine's Take on the Old Testament," in *Response to Matthew Vines*, 35. 에스겔의 생각과 표현은 레위기 17-26장에 기록된 성결법과 유사하다. 이런 유사성은 모세 오경의 다른 책들은 물론, 심지어는 신명기와도 아무런 관련이 없다. Lewis B. Paton, "The Holiness-Code and Ezekiel," *Presbyterian and Reformed Review* 7, no. 25 (January 1896): 99.

7. 희년서 16:5-6; 레위의 언약서 14:6; 베냐민의 언약서 9:1; 납달리의 언약서 3:4, Gagnon, *The Bible and Homosexual Practice*, 88n121에서 인용함. 필로는 BC 1세기에 소돔에 관해 이렇게 말했다. "그들은 자신의 본성을 존중하거나 고려하지 않고 서로 음욕을 품고 꼴사나운 행위를 저지른 남자들이었다…그런 탓에 그 남자들은 여성처럼 취급받는 데 차츰 익숙해졌다." *De Abrahamo*, 136-37, Peter H. Davids, *The Letters of 2 Peter and Jude*,

어떤 사람은 그리스도께서 성적인 죄가 아닌 낯선 사람들을 환대하라는 계명을 심각하게 어긴 것을 소돔의 죄로 간주하셨다고 주장한다.[8] 그러나 사실 예수님은 소돔의 죄를 구체적으로 언급하시지 않았고, 단지 그 도시를 심판의 본보기로 내세워 복음을 거부한 갈릴리의 도시들이 그보다 더 심한 심판을 받게 될 것이라고 경고하셨을 뿐이다(마 10:14, 15, 11:23, 24).[9] 그리스도께서는 스스로 의롭다고 자처하는 종교인들이 심판의 날에 소돔 사람들보다 더 혹독한 심판을 받게 될 것이라고 경고하셨다.

유다는 하나님의 영감을 받아 신약성경 가운데 한 권을 기록하면서 소돔의 성적 도착을 정죄하는 내용을 실었다. "소돔과 고모라와 그 이웃 도시들도 그들과 같은 행동으로 음란하며 다른 육체를 따라 가다가 영원한 불의 형벌을 받음으로 거울이 되었느니라"(유 7절). "음란하며"로 번역된

Pillar New Testament Commentary (Grand Rapids: Eerdmans, 2006), 53에서 인용함.

8. Vines, *God and the Gay Christian*, 68.

9. White and Niell, *Same Sex Controversy*, 45–46.

동사는 성적으로 부도덕한 행위를 뜻하는 전형적인 용어 가운데 하나다.[10] 소돔은 불의와 폭력만이 아니라 성적인 죄를 일삼았다. 이와 비슷하게 베드로후서 2장 7절에서도 "무법한 자들의 음란한 행실"이라는 표현이 발견된다. "음란한"은 부끄러움을 모르는 성적 행위 또는 성적 방종을 가리킨다.[11]

문자적으로 "다른 육체strange flesh"로 번역되는 유다의 표현은 이런 종류의 성적인 죄의 본질을 잘 보여준다.[12] 어떤 주석학자들은 이것을 천사들을 향한 욕정을 뜻하는 의미로 이해한다. 그러나 소돔 사람들은 낯선 방문자들이 천사라는 사실을 알지 못했다. 창세기의 내용도 천사들을 향한 욕정이 아닌 "그들"과 성관계를 맺으려는 욕망을 소돔 사람들의 죄로 간주했다(창 19:5).[13] 더욱이 유다는 소돔만이

---

10. 그리스어 ἐκπορνεύω.
11. 그리스어 σέλγεια. 롬 13:13; 갈 5:19; 엡 4:19을 보라.
12. 그리스어 σαρκὸς ἑτέρας.
13. 창세기 19장 5절에서 "그들"로 번역된 히브리어는 사람을 총칭하는 용어인데 때로는 "남자"라는 한쪽 성에만 국한된 의미로 사용되기도 한다.

아니라 천사들이 방문하지 않았던 주위의 다른 도시들도 이 죄를 저질렀다고 말했다.[14] 따라서 우리는 "다른 육체"를 섹슈얼리티에 관한 하나님의 창조 질서를 벗어난 동성애의 죄를 정죄하는 의미로 이해해야 한다.[15]

창세기 이후로 성경은 죄인에 대한 하나님의 가혹한 심판을 보여주는 본보기로 소돔을 거듭 언급했다.[16] 소돔은 사회적 불의와 동성애의 죄에 대한 하나님의 심판을 경고하기 위한 항구적인 본보기가 되었다. 소돔 사람들이 롯과 그의 방문자들을 괴롭힌 것은 압제나 환대의 관습을 어긴 사례가 아닌 성적 욕망, 특히 동성애의 욕망을 극명하게 보여주는 사례였다.

소돔이 보여준 끔찍한 본보기에 대한 경고는 모세를 통해 계시된 하나님의 거룩한 율법을 통해 더더욱 분명하게

---

14. DeYoung, *What Does the Bible Really Teach about Homosexuality?*, 38.

15. Davids, *The Letters of 2 Peter and Jude*, 52–53.

16. 신 29:23; 사 1:9–10; 3:9; 13:19; 렘 23:14; 49:18; 50:40; 애 4:6; 겔 16:46–56; 암 4:11; 습 2:9; 마 10:15; 11:23–24; 막 6:11; 눅 10:12; 17:29; 롬 9:29; 벧후 2:6; 유 7; 계 11:8.

명시되었고, 그리스도의 사도들도 그것에 근거해 확실한 가르침을 전했다.

하나님의 율법과 동성애

모세 율법은 남자들 간의 성행위를 분명하게 금지했다. 우상을 숭배하는 장소에서 일하는 성전 창기들 가운데는 남자들도 있었다. 모세 율법은 남자들 간의 성행위를 일체 금지했다.[17] 레위기 18장 22절은 "너는 여자와 동침함 같이 남자와 동침하지 말라 이는 가증한 일이니라"라고 말한다. 레위기 20장 13절도 "누구든지 여인과 동침하듯 남자와 동침하면 둘 다 가증한 일을 행함인즉 반드시 죽일지니 자

---

17. 신 23:17; 왕상 14:24; 15:12; 22:46; 왕하 23:7; 욥 36:14. "남색자"로 번역된 히브리어는 문자적으로 종교적인 목적을 위해 따로 구별된 거룩한 남성을 의미한다. 그러나 〈킹 제임스 성경〉은 이 용어를 일반적으로 "남색자(sodomite)"로 번역했다. 남자를 상대하는 남성 창기는 가나안 종교의 중요한 한 부분이었던 것이 분명하다. 이 용어의 여성 명사는 여성 성전 창기를 가리키는 데 사용되었다(창 38:21, 22, 신 23:17, 호 4:14). 남성 성전 창기를 가리키는 의미로 "개"라는 용어가 사용되기도 했다(신 23:18, 계 22:15). Gagnon, *The Bible and Homosexual Practice*, 100-110을 보라.

기의 피가 자기에게로 돌아가리라"라고 말한다.

레위기는 남성 간의 동성애가 하나님의 율법과 창조 질서를 거스르는 행위라고 가르친다. 위에서 "남자"로 번역된 히브리어는[18] 창세기 1장 27절에서 하나님이 사람을 두 개의 젠더, 곧 "남자와 여자"로 창조하셨다고 말할 때 한쪽 성에만 국한된 의미로 분명하게 "남자"로 번역된 용어이다. "동침한다"는 성행위를 뜻하는 완곡 어구이다.[19] 이런 율법들은 매춘이나 연루된 사람들의 나이나 그 밖의 다른 상황들을 언급하지 않고, 단순하면서도 직설적으로 남자들 간의 성행위를 금지하는 것으로 끝났다. 다시 말해, 한 명만 공격자로 정죄하지 않고, 동성애를 나눈 당사자 모두가 "가증한 일을 행하는" 것이라고 가르친다(레 20:13).[20]

레위기 18장 22절의 "여자와 동침함 같이"라는 어구는 남자의 정당한 성적 상대자로서 여성을 창조하신 사실을

---

18. 히브리어 זָכָר.

19. 히브리어 שׁכב. 창 19:32-35; 26:10; 30:15-16; 34:2, 7; 35:22; 39:7, 10, 12, 14; 출 22:16, 19; 레 15:18, 33 등을 보라.

20. Hamilton, "How to Condone What the Bible Condemns," 37.

상기시킨다(창 2:22-25). 이런 사실은 결코 여성의 인격을 모욕하지 않는다. 남성은 자신의 본성을 함께 공유한 조력자로서의 여성을 필요로 한다(창 2:18-20). 남자를 여성보다 우월하게 여기는 가부장적인 문화는 이런 사실과는 아무런 관계가 없다. 모세는 여성을 남성보다 열등한 존재가 아니라 하나님의 형상을 공유한 동료 인간으로 간주했다(창 1:27).[21] 케빈 드영은 "그런 금지 조항이 그토록 절대적으로 주어진 이유는 남자가 다른 남자가 아닌 여성과 성관계를 맺도록 설계되었기 때문이다."라고 말했다.[22] 남자들 간의 성관계는 남자와 동물 사이에 이루어지는 성행위와 마찬가지로 하나님의 창조 질서를 파괴하고, 결혼과 성을 위한 그분의 목적을 거스르며, 인간이 지닌 하나님의 형상을 더럽히는 행위에 해당한다.[23]

---

21. Hamilton, "How to Condone What the Bible Condemns," 36. Contra Vines, *God and the Gay Christian*, 87 – 92; 108 – 110도 보라.

22. DeYoung, *What Does the Bible Really Teach about Homosexuality?*, 41.

23. "근친상간, 동성애, 수간이 레위기 18장에 나란히 언급된 이유는 분명하다. 이 세 가지를 금지한 이유는 그것들이 정결법은 물론, 창조의 목적을 거

하나님의 율법은 동성애를 "가증한 일"로 규정한다. 이 용어는 하나님이 싫어하시고 혐오하시는 일을 가리킨다.[24] 존 하틀리는 "간음과 동성애와 수간이 금지되었다. 그런 식의 성행위는 혐오스럽고, 터무니없는 일로 하나님 앞에서 인간의 존엄성을 고양하는 것이 아니라 파괴한다."고 말했다.[25] 하나님은 극악한 죄를 저지른 가나안 족속들을 가나안 땅에서 쫓아내셨다. 동성애는 그런 죄 가운데 하나였다(레 18:26-30). 동성애의 죄를 짓는 민족들에게는 하나님

스르는 행위이기 때문이다. 서로 다른 종들 사이에서 이루어지는 성행위나 동성애의 행위와 같은 비정상적인 행위들은 궁극적으로 하나님의 창조 사역을 부정하고, 인간이 창조된 목적을 거스른다. 아울러 이런 행위들은 생육하고 번성해야 할 의무를 이행할 수 없다." Wold, *Out of Order*, 131-32.

24. G. J. Wenham, *The Book of Leviticus*, New International Commentary on the Old Testament (Grand Rapids: Eerdmans, 1979), 259. 이 용어 (תּוֹעֵבָה)와 그 동사형 어근(תעב)은 다른 신을 숭배하는 행위(신 7:25, 26, 13:14, 17:4, 27:15, 32:16), 어린아이를 희생제물로 바치는 행위(신 12:31), 불결한 동물들(신 14:3), 흠 있는 희생제물(신 17:1), 점술(신 18:9-12), 무게와 부피를 속이는 행위(신 25:13-16)와 같은 다양한 죄를 가리키는 의미로 사용되었다. 부정한 동물들을 다룬 레위기의 율법에 등장하는 "가증한 것"(שֶׁקֶץ)이라는 용어는 이 용어와는 다르다(레 11:10-13, 20, 23, 41, 42). 레위기의 용어는 "부정하다"라는 의미를 지닌다.

25. John E. Hartley, *Leviticus*, Word Biblical Commentary 4 (Nashville: Thomas Nelson, 1992), 299.

의 진노가 쏟아진다. 이 구약 시대의 사건은 동성애를 하는 사람들을 하나님의 나라에서 모두 배제한다는 예표적 의미를 지닌다.

어떤 사람들은 레위기에는 그리스도인들이 지킬 필요가 없는 모든 종류의 율법이 다 포함되어 있다는 반론을 제기한다. 예를 들어, 레위기의 율법은 월경하는 부정한 여인과는 성관계를 맺어서는 안 된다고 규정한다(레 18:19). 음식법이나 정결법은 더 이상 구속력이 없다. 그런데 동성애에 관한 율법이 구속력을 지닌다고 생각해야 할 이유가 무엇인가?[26]

이 반론에 대해서는 다음과 같이 대답할 수 있다.

1. 예수님은 하나님의 율법이 유효하지 않은 것이 아니라 여전히 유효하다고 전제해야 한다고 가르치셨다(마 5:17-19). 바울 사도는 구약성경을 비롯해 모든 성경이 그리스도

---

26. Myers and Scanzoni, *What God Has Joined Together*, 89–90; Vines, *God and the Gay Christian*, 81–85.

인들을 영적으로 유익하게 하기 위해 하나님의 영감으로 기록되었다고 말했다(딤후 3:16).

2. 신약성경은 레위기를 현 시기와 무관한 것으로 간주하지 않고, 그리스도의 삶을 위한 지침으로 여겨 자주 인용했다. "네 이웃을 네 자신과 같이 사랑하라"는 두 번째 큰 계명도 레위기에 기록되어 있다(레 19:18, 마 22:39). 새 언약의 신자들은 레위기에서 "하나님이 거룩하니 너희도 거룩하라"는 명령을 발견한다(레 11:44, 45, 벧전 1:16). 죄를 뉘우치고 거룩하게 살아가면, 하나님이 우리와 함께 거하시고 우리의 하나님이 되실 것이라는 그리스도인을 위한 약속도 레위기에서 발견된다(레 26:11, 12, 고후 6:16).

3. 월경 중인 여인과 성관계를 맺지 말하는 율법은 도덕적인 악이 아닌 의식법에 속하는 "불결함"(레 18:19)과 관련이 있다. 월경은 그 자체로는 죄가 아니지만 하나님의 임재 안에서 살아가는 데 필요한 이스라엘의 의식적인 정결과 관련된 금지 조항에 해당한다(레 15:19-31). 우리는 그리스도

의 죽음을 통해 의식법에서 자유로워졌다. 그러나 의식법은 여전히 그리스도인들에게 "영적 불결함"을 피하라고 가르친다(고후 6:17). 남자가 남자와 더불어 성적 접촉을 갖는 것을 금지한 율법은 의식적인 정결함과는 아무런 상관이 없다. 그것은 간음과 근친상간과 같은 성적 죄악과 똑같이 취급되어 나란히 정죄되었다.[27]

4. 레위기는 하나님이 남색과 같은 가증스러운 죄 때문에 가나안 족속들을 가나안 땅에서 내쫓는 심판을 행하셨다고 암시한다(레 18:22, 24-28, 20:13, 23). 이 율법은 이스라엘 민족에게만 국한되지 않았고, 이스라엘을 다른 민족들과 구별하는 의식법의 일부로 기능하지도 않았다. 이 율법은 하나님이 모든 민족에게 요구하시는 도덕적 의무였다.[28]

5. 신약성경은 구약의 율법이 모든 민족에게 지속적으

---

27. 이 세 가지 사항에 관해 DeYoung, *What Does the Bible Really Teach about Homosexuality?*, 42-46을 보라.

28. White and Niell, *Same Sex Controversy*, 64-69.

로 적용되는 도덕적 의미를 지니고 있다고 인정한다.[29] 그리스도와 사도들은 모세에게 계시된 하나님의 율법이 계속해서 죄를 드러내고, 죄인들에게 동성애를 비롯한 모든 종류의 죄를 일깨우는 기능을 한다고 가르쳤다. 예를 들어, 바울은 디모데전서 1장 9, 10절에서 이렇게 말했다.

> "알 것은 이것이니 율법은 옳은 사람을 위하여 세운 것이 아니요 오직 불법한 자와 복종하지 아니하는 자와 경건하지 아니한 자와 죄인과 거룩하지 아니한 자와 망령된 자와 아버지를 죽이는 자와 어머니를 죽이는 자와 살인하는 자며 음행하는 자와 남색하는 자와 인신 매매를 하는 자와 거짓말하는 자와 거짓맹세하는 자와 기타 바른 교훈을 거스르는 자를 위함이니."

---

29. 신약성경은 율법을 굳이 되풀이함으로써 그것이 하나님의 지속적인 도덕적 의지를 나타낸다는 사실을 입증할 필요가 없었다. 신약성경이 짐승들과 성행위를 하거나(레 18:23, 20:15, 신 27:31) 어린아이를 희생제물로 드리는 행위(레 18:2)를 금지하는 율법을 반복하고 있지는 않지만, 이 두 율법은 시대와 장소를 막론하고 모든 인류에게 적용되는 하나님의 뜻이다. 그런 율법이 다시 진술될 때 그것은 곧 그 율법이 시대를 초월한 구속력을 지닌다는 사실을 확인하는 의미를 갖는다.

"남색하는 자"라는 문구는 "남자"와 "침대"를 의미하는 두 개의 헬라어를 결합한 남성형 단수 명사에 해당한다.[30] 이 말은 "남자가 다른 남자와 잠자리를 하는 것"을 의미한다.[31] 이와 동일한 의미를 지닌 두 개의 용어가 남자끼리의 성행위를 금지한 레위기 18장 22절과 20장 13절을 고대 헬라어로 옮긴 번역 성경에서 발견된다.[32] 이처럼 바울

---

30. 그리스어 "ἀρσενοκοίτης"는 신약성경에서 오직 위의 본문과 고린도전서 6장 9절에만 나타난다. 70인역에서는 이 용어가 전혀 발견되지 않는다. 마운스는 "이 단어는 매우 희귀하며, 바울 이전에는 존재하지 않았던 것으로 보인다."라고 말했다. William D. Mounce, *Pastoral Epistles*, Word Biblical Commentary 46 (Nashville: Thomas Nelson, 2000), 39.

31. "노예와 잠자리를 하는 자"나 "자신의 어머니와 잠자리를 하는 자" 등 "-코이테"라는 접미사가 붙은 유사한 그리스어 단어가 더러 발견된다. David F. Wright, "Homosexuals or Prostitutes? The Meaning of ΑΡΣΕΝΟΚΟΙΤΑΙ (고전 6:9, 딤전 1:10)," Vigiliae Christianae 38, no. 2 (June 1984): 130. 이 용어가 경제적인 착취 행위를 의미한다는 바인스의 주장은 근거가 희박하다. Vines, *God and the Gay Christian*, 122–25.

32. "καὶ μετὰ ἄρσενος οὐ κοιμηθήσῃ κοίτην γυναικός βδέλυγμα γάρ ἐστιν" (레 18:22, 70인역). "καὶ ὃς ἂν κοιμηθῇ μετὰ ἄρσενος κοίτην γυναικός βδέλυγμα ἐποίησαν ἀμφότεροι θανατούσθωσαν ἔνοχοί εἰσιν" (레 20:3, 70인역). "ἄρσενος κοίτην"이라는 두 단어가 두 번째 구절에 나란히 나타나고 있는 것에 주목하라. 바울은 이 두 단어를 결합해 어렵지 않게 "ἀρσενοκοίτης"라는 단어를 만들어 냈을 것이다. "70인역의 ἄρσενος οὐ κοιμηθήσῃ κοίτην와 κοιμηθῇ μετὰ ἄρσενος κοίτην 그리고 바울이 사용한 단어 ἀρσενοκοῖται 간의 병행성은 확실히 벗어날 수 없다." Wright, "Homosexuals or Prostitutes?", 129.

은 동성애를 금지하는 율법이 지속적인 도덕적 권위를 지니고 있다는 점을 분명히 했다. 따라서 이것을 구약 시대에 속한 것으로 간단히 생각해 배제해서는 안 된다. 이것은 하나님의 영원한 도덕법에 해당한다.

바울은 십계명의 순서대로 죄들을 열거했다.[33]

5. 네 부모를 공경하라(아버지를 죽이는 자와 어머니를 죽이는 자).
6. 살인하지 말라(살인하는 자).
7. 간음하지 말라(음행하는 자와 남색하는 자).
8. 도둑질하지 말라(인신 매매하는 자).
9. 거짓 증거하지 말라(거짓말하는 자와 거짓맹세하는 자).

바울은 "음행하는 자"와 "남색하는 자"를 나란히 언급함으로써 동성의 두 사람이 아닌 결혼한 남편과 아내 사이에서만 성행위가 이루어져야 한다는 일곱 번째 계명의 취지

---

33. George W. Knight III, *Commentary on the Pastoral Epistles*, New International Greek Testament Commentary (Grand Rapids: Eerdmans, 1992), 83.

를 분명하게 드러냈다. 동성애는 십계명을 어기는 죄에 해당한다.[34] 부모를 살해하는 것이 부모를 공경하지 않는 극단적인 사례이고, 인신매매가 극악한 형태의 도둑질에 해당하는 것처럼 여기에 언급된 동성애 역시 극악한 성적 부도덕의 행위에 해당한다.

이처럼 신구약 성경 모두 하나님의 도덕법이 동성애를 금지하고 있다고 가르친다. 그런 행위는 하나님이 가증스럽게 여기시는 죄, 곧 일곱 번째 계명을 어기는 죄로 하나님의 진노와 심판을 불러일으킨다.

요나단과 다윗 : 참된 우정의 아름다움을 보여준 사례

동성애를 지지하는 저술가들은 동성 간의 친밀한 관계를 모두 성적 관계로 간주하려는 경향이 있다. 그런 생각은 두 남자나 두 여자가 잠자리를 같이하지 않으면 서로 좋은 친

---

34. Mounce, *Pastoral Epistles*, 38.

구가 될 수 없는 것처럼 보이게 만든다. 그러나 성경은 "형제보다 친밀한" 좋은 친구가 있다고 말씀한다(잠 18:24).[35] 예를 들어, 바울은 성적인 것과 무관하게 다수의 남녀 신자들과 좋은 우정을 나누었다.

다윗과 요나단의 관계는 성적인 것과 상관없이 아름다운 우정을 나눈 대표적인 사례 가운데 하나다.[36] 그러나 안타깝게도 이 관계마저도 동성애의 관계로 간주하는 주장이 제기된다.[37] 사실, 성경에는 이들의 관계를 성적이거나 색정적인 관계로 언급한 내용이 전혀 발견되지 않는다. 성경은 "요나단의 마음이 다윗의 마음과 하나가 되어"라고 말한다(삼상 18:1). 막내아들 베냐민에 대한 야곱의 사랑을

---

35. Joel R. Beeke and Michael A. G. Haykin, *How Should We Develop Biblical Friendship?*, Cultivating Biblical Godliness (Grand Rapids: Reformation Heritage Books, 2015)를 보라.

36. 이 두 사람의 관계에 관한 히브리 성경의 증언을 주의 깊게 분석한 내용을 원한다면 다음의 자료를 참조하라. Markus Zehnder, "Observations on the Relationship between David and Jonathan and the Debate on Homosexuality," *Westminster Theological Journal* 69, no. 1 (Spring 2007): 127–74. 이 아티클의 일부 내용은 혹자에게 기분 상하게 하는 것일 수 있다.

37. Horner, *Jonathan Loved David*, 26–39.

묘사하는 데도 이와 똑같은 표현이 사용되었다(창 44:30).[38] 성경은 "요나단이 그를 자기 생명 같이 사랑하니라"라고 말씀한다(삼상 18:1, 20:17). 이것은 "네 이웃 사랑하기를 네 자신과 같이 사랑하라"(레 19:18)라는 사랑의 계명과 일맥상통한다.[39] 그들은 서로에게 충실하기로 맹세했다(삼상 18:3, 20:8, 16, 17, 23:18). 그들이 맺은 우정은 정치적 충성심의 표현으로 나타났다. 그 이유는 하나님이 다윗을 차기 왕으로 세우셨다는 사실을 요나단이 기꺼이 인정했기 때문이다.[40] 요나단은 충성을 서약하는 의미로 다윗에게 자신의 무기와 겉옷을 건네주었다. 요나단은 자신의 아버지인 사울 왕이 시기심에 사로잡혀 다윗을 죽이려고 했을 때 그를 보호했다. 다윗은 그에 대한 보답으로 요나단의 아들 므비보셋에게 호의를 베풀었다(삼상 19, 20장, 23:16-18, 삼하 9장). 그들은 서로를 신뢰하며, 겸손한 태도로 우정을 나누었던 경건한 친구

---

38. Zehnder, "Relationship between David and Jonathan," 140.

39. Zehnder, "Relationship between David and Jonathan," 146.

40. Gagnon, *The Bible and Homosexual Practice*, 147-51.

들이었다.

특히 다윗과 요나단의 관계를 진술한 두 가지 내용이 동성애를 나타내는 의미로 왜곡되었다. 첫째, 그들은 다윗이 목숨을 보전하기 위해 도망쳐야 할 수밖에 없는 상황에서 작별을 고하면서 서로 입을 맞추었다(삼상 20:41). 미국에서는 남자들이 서로 입을 맞추는 일은 거의 없기 때문에 이들의 행위가 성적인 것으로 느껴질 수 있다. 그러나 고대 근동지역에서는 예의나 사랑의 표시로 남자들끼리 입을 맞추는 관습이 있었다. 오늘날에도 여러 문화권에서 이런 관습이 발견된다. 야곱은 자기 아버지 이삭과 입을 맞추었고, 라반은 자기 조카 야곱과 입을 맞추었다. 성인이 된 형제들도 서로 입을 맞추었다. 그들은 때로 눈물을 흘리기까지 했다. 모세는 장인과 입을 맞추었고, 사무엘은 사울에게 기름을 부어 왕으로 세우면서 그에게 입을 맞추었다.[41] 신약 시대의 신자들도 종종 입을 맞추며 인사를 나누었다.[42]

---

41. 창 27:26 – 27; 29:13; 33:4; 45:15; 출 4:27; 18:7; 삼상 10:1.
42. 롬 16:16; 고전 16:20; 고후 13:12; 살전 5:26; 벧전 5:14.

이 모든 행위는 성적 관계와는 아무런 관련이 없다. 다윗과 요나단의 경우도 단지 결의형제로서 형제의 사랑을 나누었을 뿐이다.

이런 사실은 앞서 논의한 현대의 "성적 지향"이라는 원리가 상당한 모순을 안고 있다는 것을 보여준다. 그런 그릇된 이론에 따르면, 성적 욕구는 물론, 감정적인 유대감과 사회적 관계에 의해서도 개인의 지향은 규정된다. 그런 전제를 받아들이면 동성에 대한 깊은 애정은 무엇이든 무조건 동성애적 지향으로 간주될 수밖에 없다. 이것은 우리의 성적 욕망을 우리를 규정하는 지배 원리로 삼으려는 현대 문화의 속성을 고스란히 드러낸다. 이런 혼란을 피하려면 동성의 친구들끼리도 아무런 성적 의도 없이 얼마든지 서로 큰 사랑을 나누며, 강력한 감정적인 유대감을 형성할 수 있다는 사실을 옳게 인식해야 한다. 사실, 이것은 하나님의 형상이 지니는 특징이 아닐 수 없다. 하나님은 "우리의 형상을 따라 사람을 만들자"(창 1:26)라는 말씀으로 자신의 "관계성"을 분명하게 보여주셨다.

둘째, 어떤 사람들은 사울과 요나단이 전쟁터에서 사망

했을 때 다윗이 애가를 지어 슬픔을 표현한 것에서 그와 요나단의 동성애적 사랑을 확인할 수 있다고 주장한다. 다윗은 이스라엘의 큰 용사들이었던 이들의 죽음을 슬퍼하면서 "내 형 요나단이여 내가 그대를 애통함은 그대는 내게 심히 아름다움이라 그대가 나를 사랑함이 기이하여 여인의 사랑보다 더하였도다"(삼하 1:26)라고 말했다. 어떤 사람은 이것을 다윗의 성적 사랑을 표현한 의미로 간주한다. 그러나 다시 말하지만 이런 비교적인 문장에는 성적 의미가 전혀 담겨 있지 않다.[43] 이것은 시적인 표현이거나 다소 과장법적인 진술, 곧 요나단이 자기 아내나 심지어 자기 어머니보다 다윗을 더욱 희생적으로 충실하게 사랑했다는 의미를 지닌 진술일 뿐이다. 요나단은 왕의 후계자였지만 그 권리를 다윗에게 넘겨주었다.

다윗에 대한 요나단의 사랑은 하나님이 기름 부어 세우

---

43. 하나님은 호세아서 3장 1절에서 자신이 이스라엘 백성을 사랑하는 것을 호세아가 그의 아내를 사랑하는 것에 빗대셨다. 그러나 후자의 경우는 성적 사랑이 포함되지만 전자의 경우는 그 어떤 성적 사랑도 포함되어 있지 않다. Zehnder, "Relationship between David and Jonathan," 142.

신 왕에 대한 백성들의 충성심을 가장 분명하게 보여주는 대표적인 사례가 아닐 수 없다(삼상 18:16). 이런 관계는 동성애의 사례가 아니라 왕 중의 왕이신 예수 그리스도께 대한 교회의 영적 충성을 보여주는 전형에 해당한다.

3장
기대 : 죄의 권세와 그리스도의 권세

구약성경은 동성애를 엄격히 금지한다. 그렇다면 신약성경은 어떨까? 신약성경은 행위보다 마음을 훨씬 더 중시하고 있지 않은가? 죄인들에게 제공된 은혜의 복음은 동성애에 관한 기독교의 접근 방식에 어떤 영향을 미칠까?

성적 왜곡에 관한 진단

성경에서 동성애를 가장 길고 상세하게 다룬 내용이 로마서 1장에서 발견된다. 바울은 그곳에서 예수 그리스도 안에서 죄인들에게 미치는 하나님의 능력과 의에 관한 좋은 소식을 절실히 필요로 하는 세상의 상황을 명확하게 진단했다. 그는 하나님이 모든 경건하지 않은 것과 불의에 대해 진노를 드러내신다고 말하고 나서, 인류가 피조 세계를 통해 드러난 하나님의 영광과 선하심을 알고서도 그분을 영화롭게 하거나 감사하기는커녕 도리어 피조물을 숭배하는 죄를 저질렀다고 설명했다(롬 1:18-23). 로마서 1장의 나머지 부분에서 언급된 도덕적인 결과들은 참으로 끔찍하기 이를 데 없다. 한 저술가는 "우상숭배는 거룩한 본성을 오염시켜 도덕적 몰락을 가져왔다."고 말했다.[1] 하나님은 세 가지 방식으로 우상숭배자들을 죄에 넘겨줌으로써 그들에 대한 진노를 쏟아내셨다. 첫째, 하나님은 그들을 정욕과 더러움에 치우치게 내버려 두셨다(롬 1:24, 25).[2]

---

1. Anthony C. Thiselton, *The First Epistle to the Corinthians*, The New International Greek Testament Commentary (Grand Rapids: Eerdmans, 2000), 446. 그는 신 27-30장; 호세아; 롬 1:26-31; 고전 6:9-11을 인용한다.

2. 일부 주석학자들은 두 번째 방식은 첫 번째 방식을 좀 더 상세하게 묘사하고 정의한 내용일 뿐이며, 그 둘은 본질적으로 아무런 차이가 없다고 지적했다. Thus, John Murray, *The Epistle to the Romans*, The New International Commentary on the New Testament (Grand Rapids: Eerdmans, 1965), 46; Thomas R. Schreiner, Romans, Baker Exegetical Commentary on

두 번째 방식은 로마서 1장 26, 27절에 기록된 바울의 말에서 발견된다. "이 때문에 하나님께서 그들을 부끄러운 욕심에 내버려 두셨으니 곧 그들의 여자들도 순리대로 쓸 것을 바꾸어 역리로 쓰며 그와 같이 남자들도 순리대로 여자 쓰기를 버리고 서로 향하여 음욕이 불 일 듯하매 남자가 남자와 더불어 부끄러운 일을 행하여 그들의 그릇됨에 상당한 보응을 그들 자신이 받았느니라." 바로 앞 구절에서 성적인 죄를 언급했고, 남자와 여자라는 두 젠더를 동시에 언급한 것으로 볼 때 "순리대로 쓸 것"이라는 말이 성적인 문제와 관련된 표현이라는 것을 분명히 알 수 있다.[3] 여기에서 바울이 성인 남자와 어린 소년 사이에서 이루어지는 성적 학대나 성관계를 언급하고 있다는 암시는 어디에도 없다. 슈라이너가 말한 대로, 레위기의 율법처럼 "일반적인 동성애의 관계가 모두 정죄되고 있다.[4]

---

the New Testament (Grand Rapids: Baker Academic, 1998), 91.

3. 슈라이너는 "'쓸 것'을 뜻하는 헬라어 χρῆσις는 헬라어 문헌에서 성적 관계를 가리키는 의미로 종종 사용되었다."고 말했다. Schreiner, *Romans*, 94.

4. Schreiner, *Romans*, 95 – 96.

셋째, 그들을 무가치한 생각에 넘겨준 결과, 그들은 하나님이 사형에 해당하는 죄라고 경고하셨다는 사실을 알면서도 스스로를 옳게 여기며 온갖 악행을 저질렀다(롬 1:28-32).

동성애에 관한 바울 사도의 가르침을 간단히 정리하면 다음과 같다.

1. 동성 간의 성행위는 순리가 아니다. 이것은 "본성에 역행하는 것," 곧 성의 순리적 사용을 거스른다. 때로 "순리"가 각 개인의 타고난 인격적 특성을 가리킨다고 말하면서, 여기서 바울이 정죄하는 것은 자신의 성적 지향을 거슬러 살아가는 것이라고 주장하는 사람들이 있다.[5] 그러나 "순리"는 개인의 지향이나 성향이 아닌 모든 인류에게 적용되는 하나님의 창조 질서를 가리킨다. 로마서 1장의 문맥은 창조주 하나님을 크게 강조한다. 이는 창세기의 처음 몇 장의 내용을 상기시킨다.

- "창세…조물주"(롬 1:20, 25, 창 1:1).

---

5. Dan O. Via, cited in RPCNA, *Gospel and Sexual Orientation*, 51.

- "사람과 새와 짐승과 기어다니는 동물 모양"(롬 1:23, 창 1:26, 30).
- "남자…여자"(롬 1:27, 창 1:27).
- "이 같은 일을 행하는 자는 사형에 해당한다고 하나님의 정하심을 알고도"(롬 1:32, 창 2:17).[6]

바울은 "남자"와 "여자"라는 젠더를 분명히 명시한 표현을 사용함으로써 하나님이 인간을 두 젠더로 창조하셨다는 사실을 암시했다(창 1:27).[7] 하나님은 각각의 성이 독특한 육체적 형태로 주어진 성적 기능을 수행하도록 창조하셨다.[8] 존 머레이는 "동성애는 하나님이 정하신 성 기능의 질서를 포기하는 것이기에 가증한 것이다."라고 말했다.[9] 창조주의 영광을 피조물을 숭배하는 것으로 맞바꾼 것처럼,

---

6. Gagnon, *The Bible and Homosexual Practice*, 289–91.

7. 그리스어 θήλυς와 ἄρρην 또는 ἄρσεν; 창 1:27(70인역); 마 19:4; 막 10:6을 보라.

8. "순리(φύσις)"와 그 동족어들은 인간이나 동물이나 식물의 몸체를 가리키는 물리적인 의미를 지닐 수 있다(롬 2:27, 11:21; 갈 2:15; 약 3:7).

9. Murray, *The Epistle to the Romans*, 47–48.

동성애는 창조주께서 정하신 질서를 인간이 만든 무질서
와 맞바꾸었다(롬 1:23, 25). 순리를 어긴 예배는 자연스럽지
않은 욕망으로 귀결되었다. 고대의 유대인들이 인식한 대
로 동성애는 본성을 거스르는 행위다.[10] 로버트 개그넌은
"바울에게 우상숭배와 동성애는 만물이 창조되어 질서를
갖춘 모습을 보고 '심히 좋다'고 선언하신 하나님의 판단
을 거부하는 것이었다."라고 결론지었다.[11]

2. 하나님은 남자들 간의 성적인 행위는 물론, 여성들 간
의 성적인 행위도 똑같이 정죄하신다. 모세 율법은 명시적
으로 남자들 간의 성적인 행위를 금지했다. 하지만, 바울은
여성들 간의 성적인 행위까지 포함시켰다. 그는 남자들의

---

10. BC 2세기의 유대 문헌 가운데 하나인 《납달리의 언약서》(*Testament of Naphtali*)에서도 비슷한 내용이 발견된다. "이방인들은 그릇 미혹되어 주를 저버렸기 때문에 질서를 뒤집어엎고, 돌과 나무를 숭배한다…그러나 너희, 곧 나의 자손들은 그렇게 해서는 안 된다…자연의 질서를 저버린 소돔처럼 되지 말라"(3.3-4). 요세푸스는 남자와 여자의 결혼은 "자연의 순리에 따르는 것"이지만 동성애의 관계는 "순리를 거스르는 것(παρὰ φύσιν)"이라고 말했다. Schreiner, *Romans*, 92, 96에서 인용함.

11. Gagnon, *The Bible and Homosexual Practice*, 291.

행위에 대해 좀 더 비판적인 태도를 취하긴 했다.[12] 이런 사실은 바울이 성인 남자와 어린 소년의 관계와 같은 특별한 형태의 동성애만을 언급한 것이 아니라는 증거다. 그는 남성과 여성의 동성애를 모두 염두에 두고 말했다.

3. 동성을 향한 성적 욕구는 죄이다. "정념"은 신약성경에서 "성적 욕구"와 밀접하게 관련된다.[13] "정욕" 또는 "음욕"으로 번역되는 이색적인 헬라어는 갈망이나 욕망을 의미한다.[14] 이런 성적 욕구의 문제는 그것이 매우 강렬하다

---

12. 바울은 남자와 여자의 동성애를 똑같이 순리를 거스르는 죄악으로 정죄했지만 특히 남성의 동성애를 더욱 강도 높게 비판했다. 그 이유는 남성의 동성애가 여성의 동성애보다 수치를 모르는 정도와 심각한 결과로 이어지는 정도가 더 컸기 때문일 것이다. 남성의 동성애는 매우 난잡한 특성을 띤다. 통계 조사에 따르면 동성애를 즐기는 남성들 가운데 일평생 50명이 넘는 상대와 성적 관계를 맺는 사람들이 전체의 4분의 3이 넘고, 개중에는 5백 명이 넘는 사람과 성적 관계를 맺는 사람들도 상당수에 이르는 것으로 밝혀졌다. Gagnon, *The Bible and Homosexual Practice*, 453–58. 그러나 "(심지어) 여자들도"에서 "심지어"를 뜻하는 헬라어 "τε"를 사용한 것은 여성이 그런 죄를 저지른다는 사실에 대해 놀라움을 표현하려는 의도가 담겨 있는 듯하다. Murray, *Epistle to the Romans*, 47.

13. 그리스어 πάθος; 골 3:5; 살전 4:5을 보라.

14. 신약에서 그리스어 ὄρεξις, 또는 *hapax legomenon*라는 단어로 사용됨. 따라서 롬 1:24에서 사용된 ἐπιθυμία와 다른 용어임.

는 데 있지 않다. 성경은 부부가 서로를 깊이 연모할 만큼 강렬한 성적 욕구를 느끼는 것을 독려한다(잠 5:19).[15] 동성애의 욕망 자체가 부패했고 순리를 거스르는 죄악인 이유는 하나님이 금지하신 것을 원하기 때문이다. 데니 버크는 "악한 정욕과 건전한 욕구 간의 중요한 도덕적 차이는 욕구의 강렬함에 있지 않다…그 차이는 욕구의 목표에 있다."고 말했다.[16] 성경은 오늘날 "게이"나 "레즈비언"으로 일컬어지는 동성애 욕망과 행위가 죄라고 가르친다. 그 욕구가 일시적인 욕정이든 좀 더 영속적인 "성향"이든, 또 그 행위가 일시적인 일탈이든 장기적인 삶의 방식이든 죄라는 사실에는 아무런 변화가 없다.

욕구를 중심으로 한 이런 논의는 레위기에서 발견되는 율법의 의미를 좀 더 분명하게 드러낸다. 모세 율법은 주로 행위에 초점을 맞추지만 마음을 강조하는 것을 등한시하

---

15. 이것은 "바울은 동성애적 지향의 표현을 이성애적 지향의 표현과 대립되는 것으로 정죄하지 않았다. 그는 단지 적당한 정도를 넘어선 과도한 행위를 정죄했을 뿐이다."라는 바인스의 주장과는 정반대다. Vines, *God and the Gay Christian*, 105.

16. Burk, "Is Homosexual Orientation Sin," 101.

지 않는다. 그리스도께서는 행위를 금하는 율법들 안에 마음을 위한 도덕적 기준이 함축되어 있다고 가르치셨다(마 5:21-30). 바울도 동성애를 금지하는 고대의 율법을 마음의 욕구에 적용했다. 그런 행위가 악하다면 그것을 바라는 마음도 똑같이 악할 수밖에 없다. 따라서 회개는 행위의 변화만이 아니라 악한 욕구를 없애는 것을 요구한다(골 3:5). 인간의 타락으로 인해 마음의 가장 깊은 욕구가 부패했다(창 6:5, 막 7:20-23). 인간이 하나님의 형상으로 다시 복구되려면 우리의 속사람이 변화되어야 한다(엡 4:22-24). 성화의 과정은 쉽거나 빠르게 진행되지 않는다. 죽었다가 다시 살아나 우리의 생명이 되신 그리스도를 항상 바라봐야만 성화를 이룰 수 있다(골 3:1-4).

4. 성경은 성적 지향에 관한 개인적인 의식이 아닌 하나님의 창조 질서의 관점에서 젠더와 의로운 섹슈얼리티를 정의한다. 바울의 말은 당사자가 동성애를 느끼든 이성애를 느끼든 상관없이 모든 형태의 동성애적 욕구나 행위에 똑같이 적용된다. 성경이 다루는 문제는 "어떤 성적 지향

을 지니고 있느냐?"가 아니라 "섹슈얼리티를 위한 하나님의 창조 질서에 반하는 성적 욕망을 품었거나 그런 행위를 했느냐?"는 것이다. 바울 사도는 우리의 욕구나 스스로 느끼는 지향이 아니라 창조주께서 정하신 젠더를 비롯한 자연스러운 창조 질서를 근거로 우리의 정체성을 규정하라고 가르친다. 창세기에 계시된 창조 질서는 우리의 성적 욕구와 행위가 이성(즉 남자는 그의 아내에게, 여자는 그의 남편에게)을 향할 것을 요구한다.

5. 동성애의 욕구와 행위는 인간을 저열한 위치로 떨어지게 한다. 그런 욕구와 행위가 악한 이유는 당사자에게 수치를 가져오기 때문이다.[17] 그것은 "부끄러운 일," 곧 추잡하고 수치스러운 일이다(롬 1:27).[18] 바울은 성적인 죄가 그런 죄를 짓는 사람의 몸을 욕되게 한다고 말했다(롬 1:24, 고전 6:18 비교). 동성애가 그런 수치스러움을 더욱 심화시키는 이

---

17. 그리스어 άτάιμία.
18. 그리스어 άσχημοσύνη; 계 16:15을 보라.

유는 순리를 거슬러 하나님이 본래 창조하신 인간의 본성을 왜곡하기 때문이다. 하나님을 영화롭게 하기를 거부하면 수치스러운 욕망과 행위에 치우칠 수밖에 없다.[19] 바울은 그런 사람들은 이미 하나님의 길에서 멀어졌기 때문에 그에 상응하는 보응을 받고 있다고 말했다.[20] 동성애는 자유가 아닌 퇴락을 향한 길이다. 우리는 이 타락한 세상에서 인간의 감정이 아닌 하나님의 말씀에 근거해 무엇이 사람들을 유익하게 하는지를 판단해야 한다.

6. 동성애는 참되신 하나님을 알기를 거부하고 우상숭배를 택한 사람들에게서 나타나는 현상이다. 로마서 본문이 복수형을 사용해 집단을 나타낸 것은 의미심장하다. 바울은 그런 죄를 저지르는 개인들을 특별히 우상숭배적이라

---

19. Schreiner, *Romans*, 92. "부끄러운 일"(수치)과 "영화롭게도/영광" 사이의 대조에 주목하라.

20. "받았느니라"로 번역된 헬라어 동사의 시제는 계속되는 행위나 상태를 나타내는 현재분사다. "상당한"으로 번역된 용어는 문자적으로 "필연적인"을 의미한다. "그릇됨" 또는 벗어남이 우상숭배를 가리킨다면 동성애의 행위 자체가 그에 대한 징벌이 될 수 있다. 그 이유는 동성애가 타락한 욕망, 수치, 퇴락을 초래하기 때문이다. Murray, *Epistle to the Romans*, 48.

고 말하지 않았다. 오히려 그는 한 민족이나 국가가 창조주를 저버리고 우상을 숭배할 때 하나님이 그들을 음행과 동성애와 같은 더 큰 속박에 사로잡히게끔 넘겨주신다고 말했다. 그는 "개인적으로 죄짓는 것에 대해 말하고 있는 것이 아니라" "전형적인 문화의 타락"을 묘사하고 있는 것이다.[21] 이것이 동성애가 이스라엘이 아닌 이교적인 이방 세계에서 주로 발견되는 특징인 이유다(물론, 이스라엘 백성도 하나님에 대한 참된 예배를 저버리고 타락했을 때 드물게 그런 죄를 저질렀다).[22] 동성애는 하나님의 진노를 불러일으킬 뿐 아니라 우상숭배를 일삼는 사람들에게 이미 하나님의 진노가 임했다는 것을 보여주는 표지이다.

간단히 말해, 로마서는 남자끼리의 섹슈얼리티나 여자끼리의 섹슈얼리티를 순리를 거스른 타락한 행위, 곧 창조

---

21. RPCNA, *Gospel and Sexual Orientation*, 18.

22. 기브아의 이스라엘 남자들이 소돔의 죄를 되풀이한 것은 이스라엘이 하나님을 저버리고 배교의 길로 치우쳤다는 증거다(삿 19:22). "사람마다 자기 소견에 옳은 대로 행하였더라"(삿 17:6, 21:25)라는 말씀대로, 이 사건은 하나님의 율법을 거부하고, 무법한 상태로 자율을 추구했던 사회의 전형을 보여준다.

주 하나님께 반역하는 사회에서 발생하는 창조 질서 위반 행위로 간주한다.

동성애와 그리스도 안의 구원

바울은 거만한 태도로 동성애를 비난하거나, 그런 행위를 하고 있거나 그런 욕구로 인해 고민하는 사람들을 절망에 빠뜨릴 목적으로 로마서 1장을 기록하지 않았다. 로마서 1장은 예수 그리스도의 복음을 필요로 하는 인류의 상태를 진단하기 위해 쓰였다(롬 1:16, 17, 3:21-26). 로마서가 전하는 가장 충격적인 소식은 하나님이 죄인들, 곧 부도덕한 이교도들과 스스로를 의롭다 여기는 종교적인 위선자들을 사랑하셔서, 자신의 원수들을 구원하시고 그들과 화목하시려고 그리스도를 보내사 그들을 위해 죽게 하셨다는 사실이다(롬 2장).

바울이 동성 간 성적 욕망과 행위에 빠진 사람들에게 전한 율법과 복음의 메시지가 고린도전서 6장 9-11절에 가장 분명하게 드러나 있다. 그는 그곳에서 "불의한 자가 하나님의 나라를 유업으로 받지 못할 줄을 알지 못하느냐 미혹을 받지 말라 음행하는 자나 우상 숭배 하는 자나 간음하는 자나 탐색하는 자나 남색하는 자나 도적이나 탐욕을 부리는 자나 술 취하는 자나 모욕하는 자나 속여 빼앗는 자들은 하나님의 나라를 유업으로 받지 못하리라 너희 중에 이와 같은 자들이 있더니 주 예수 그리스도의 이름과 우리 하나님의 성령 안에서 씻음과 거룩함과 의롭다 하심을 받았느니라"라고 말했다.

바울은 동성애가 죄라는 하나님의 율법을 되풀이했다. "남색하는 자"로 번역된 헬라어는 디모데전서 1장 10절에 사용된 헬라어와 똑같다. 이 말은 "남자와 잠자리를 하는 남자"를 의미한다.[23] 이 용어는 여기에서 또다시 남자들 간의 성행위를 정죄한 레위기의 율법을 상기시킨다. 이런 상관관계는 바울이 레위기 18장과 20장이 정죄하는 또 하나의 성적인 죄인 근친상간을 강하게 질타했다는 사실을 통

---

23. 그리스어 ἀρσενοκοίτης.

해 더욱 강화된다.[24] "탐색하는 자"로 번역된 단어는 문자적으로 "부드러운"이라는 뜻인데, 여기에서는 "(여성처럼) 부드러운 남자"를 의미한다.[25] 이 말이 "남색하는 자"의 바로 앞에 나온다는 사실은 이것이 동성 간 끌림을 지닌 남자를 유혹하고, 즐겁게 하려고 하는 남자들을 가리킨다는 것을 보여준다.[26]

이 두 용어는 남성들의 동성애 행위가 뜻하는 모든 것을 포괄함과 동시에 동성애를 기독교와 양립할 수 없는 죄로 정죄한다. 바울이 평등한 관계나 애정에 근거한 동성애를 몰랐기 때문에 단지 10대 소년이나 노예들을 성적으로 학대하는 행위만을 정죄했다고 생각해서는 안 된다. 바울은 헬라와 로마 문화에 깊이 물든 도시들에서 사역하며 살았기 때문에 고대 세계에서 이루어진 다양한 형태의 남성

---

24. David E. Garland, *1 Corinthians*, Baker Exegetical Commentary on the New Testament (Grand Rapids: Baker Academic, 2003), 212-13.

25. 그리스어 μαλακός; 마 11:8; 눅 7:25을 보라.

26. Gordon D. Fee, *The First Epistle to the Corinthians*, The New International Commentary on the New Testament (Grand Rapids: Eerdmans, 1987), 243-44.

간의 성적 관계에 대해 익히 알고 있었을 것이 틀림없다.[27] 그는 성인 남자와 소년의 관계만을 특정하지 않았다. 그의 말은 남성 간에 이루어지는 모든 형태의 불의한 성행위를 다 포함할 정도로 충분히 포괄적이다. 몰러는 "성경적인 기독교는 동성 간의 결혼을 인정하거나 동성애의 행위를 계속하면서도 얼마든지 그리스도께 순종할 수 있다는 주장을 용인하지 않는다."라고 말했다.[28]

동성애의 죄를 회개하지 않는 남자들은 "하나님의 나라를 유업으로 받지 못한다." 예수 그리스도의 가르침에 따르면, 하나님의 나라를 유업으로 받지 못할 경우, 유일한 대안은 지옥의 불 속에서 영원히 고통을 받는 것뿐이다.[29] 물론, 이런 경고는 동성애의 죄를 짓는 사람들에게만 국한

---

27. "바울은 주위 세상에서 권력이나 돈에 의한 강압적인 관계는 물론, 남자들 간의 '참된 사랑'을 나누는 사례들을 직접 목도했다…윌프는 바울이 대도시의 다문화적인 환경 속에 처해 있었기 때문에 단순히 '현대적' 특징이라고 말할 수 없는 일들까지도 잘 알고 있었을 것이라고 주의 깊게 설명했다." Thiselton, *First Epistle to the Corinthians*, 452.

28. Mohler, "God, the Gospel and the Gay Challenge," 22.

29. 마 25:34, 41, 46; 계 21:7-8 비교.

되지 않는다. 다른 많은 죄들도 마음에 뿌리박힌 습성으로 계속 유지된다면 지옥의 형벌을 받기에 충분하다. 우리는 동성 간의 성애 행위를 저지르는 사람들에게 하나님의 나라에서 영원히 살려면 그런 욕구와 행위를 뉘우쳐야 한다고 경고해야 한다. 두 남자나 두 여자의 결합에 하나님의 축복을 선포하는 것은 그들의 영혼을 위태롭게 만드는 것이다. 드영은 "동성 간의 성적인 행위를 엄숙히 축하하는 것은 사람들을 지옥으로 이끌 위험이 있다(다른 어떤 형태의 성적인 부도덕을 지지하는 것도 마찬가지이다)."라고 말했다.[30]

그러나 우리는 예수 그리스도 안에 나타난 하나님의 능력과 의에 관한 복음을 잊어서는 안 된다. 바울은 그런 죄를 저지르면 정죄당할 수밖에 없다고 말하는 데 그치지 않고, "너희 중에 이와 같은 자들이 있더니"라고 덧붙였다. 어떤 고린도 신자들은 그런 죄인들처럼 살았다. 그러나 과거 시제가 사용된 것으로 보아 그들은 더 이상 불의하게

---

30. DeYoung, *What Does the Bible Really Teach about Homosexuality?*, 77.

살지 않았던 것이 분명하다. 즉 그들은 더 이상 간음하는 자, 남색하는 자, 속여 빼앗는 자, 술 취하는 자가 아니었다.[31] 그들의 근본적인 정체성이 변한 이유는 그들이 "예수 그리스도 안에" 있었기 때문이다(고전 1:2). 이제는 그리스도와 연합한 상태가 그들의 정체성을 규정한다. 그들은 더 이상 과거의 그들이 아니다.[32]

이런 변화는 저절로 일어나지 않았다. 그것은 그리스도로 말미암아 일어난 성령의 사역이었다. 바울은 그 사역을 "씻음과 거룩함과 의롭다 하심"이라는 세 마디 말로 묘사했다.[33]

- 외적인 세례의 물로 상징되는 "영적 씻음(행 22:16)"은

---

31. 헬라어 시제는 과거 미완료로 과거의 어느 기간 동안 계속되었거나 과거에 종종 되풀이되었던 행위를 가리킨다.

32. "그들의 정체성은 예수 그리스도 안에서 영원히 달라졌다. 그들이 더 이상 남색하는 자가 아닌 것은 술 취하지 않는 자나 도둑질하지 않는 자가 더 이상 술 취한 자나 도둑질하는 자가 아닌 것과 같다." RPCNA, *Gospel and Sexual Orientation*, 47.

33. 이 세 가지 표현은 에스겔서 36장의 약속, 곧 맑은 물로 정결하게 하는 것(25절), 새 마음과 새 영을 주는 것(26, 27절), 언약 관계의 축복(26절)을 나타내는 것일 수 있다.

죄인의 영혼을 지배하던 더러움이 성령을 통해 씻겨 나가는 것, 곧 그리스도의 죽음이 개인에게 적용되어 나타나는 중생을 의미한다(엡 5:25, 26, 딛 3:3-6, 계 1:5).

- "거룩함"은 기독교적인 성장의 과정이 아닌 회심의 순간에 일어나는 결정적인 성령의 사역을 의미한다. 이것은 개인을 거룩하게 구별해 하나님께 바침으로써 그 사람을 하나님의 성도로 만드는 성령의 사역을 가리킨다(고전 1:2, 고후 1:1).
- "의롭다 하심"은 개인의 영혼 안에서 일어나는 변화가 아닌 법적 신분의 변화를 의미한다. 그리스도께서 그의 죄를 위해 죽고 그의 살아 있는 의를 위해 다시 살아나셨기 때문에 하나님은 오직 그의 믿음을 보시고 그를 의롭게 여기신다(롬 3:21-26, 4:25, 갈 2:16, 빌 3:9).

동성애의 욕구와 행위가 죄라는 사실을 깨달은 사람들에게 주어진 좋은 소식은 그리스도께서 자신의 영광을 위해 사람들을 변화시키신다는 것이다. 그리스도께서 동성애자들을 죄에서 구원하실 수 있다고 말하는 것은 동성애 혐오증이 아니다. 진정한 동성애 혐오증은 동성애의 관계를 맺은 사람들은 별종이기 때문에 절대로 주님과 그분의 길로 돌이킬 수 없다고 믿는 것이다.[34] 따라서 은혜로 그리스도를 믿고 죄를 회개한 동성애자들은 "나는 한때 동성애의 욕구에 의해 지배되는 사람이었지만 지금은 그것이 더 이상 나의 정체성이 아니다. 나는 이제 더럽고 불결하지 않으며, 깨끗하게 씻음을 받았다. 나는 이제 비속하거나 불경하지 않으며, 거룩한 하나님의 성도가 되었다. 나는 이제 죄가 있다고 정죄당하지 않는다. 그리스도의 온전한 순종이 나를 변호하고, 의롭게 한다."라고 말할 수 있다.

물론, 그런 사람이 더 이상 동성애의 유혹을 느끼지 않는다거나 그리스도 안에서 형제자매가 된 동료 신자들의 도움이 필요하지 않다거나 영적 성장을 위해 은혜의 수단을 부지런히 사용하지 않아도 된다는 뜻은 결코 아니다. 모든 그리스도인은 남아 있는 죄와의 내적 싸움, 곧 하나님의 율법을 사랑하지만 마음속에 여전히 악이 존재하는 탓에 일

---

34. Butterfield, *Secret Thoughts of an Unlikely Convert*, 169.

어나는 갈등을 경험한다(롬 7:14-23, 갈 5:17, 벧전 2:11). 이런 싸움 때문에 신자는 때로 악한 욕망이 자신의 영혼을 거스르는 것에 심히 슬퍼하며 하나님을 향해 크게 부르짖기도 한다.

어떤 사람들은 다른 사람들에 비해 동성애를 향해 끌리는 개인적인 성향이 더 강할 수 있다. 사람마다 제각기 특별히 더 쉽게 이끌리는 죄가 있기 마련이다. 조나단 에드워즈는 거듭남에 대해 이렇게 말했다.

> 타고난 기질을 참작해야 한다. 회심은 타고난 기질을 완전히 배제하지 않는다. 회심하기 이전에 타고난 기질에 따라 가장 쉽게 이끌리는 죄가 있었다면 여전히 그런 죄에 가장 잘 이끌릴 수 있다. 그러나 회심은 그런 죄와 관련해서도 큰 변화를 일으킬 수 있다. 은혜는 그런 타고난 악한 기질을 완전히 제거하지는 않더라도 그것에 큰 영향과 효력을 미쳐 바로잡는다…어떤 사람이 회심 이전에 특별히 색욕이나 술 취함이나 악의적 행위에 이끌리는 성향이 강했다면, 회심을 일으키는 은혜가 그런 악한 성향을 크게 변화시킬 수 있다. 따라서 그

사람은 그런 죄를 저지를 위험이 여전히 가장 크지만 더 이상 그런 죄에 지배받거나 그것이 더 이상 그의 고유한 기질로 남지는 않을 것이다.[35]

"너희 중에 이와 같은 자들이 있더니"라는 복음의 약속은 그리스도인 간음자나 그리스도인 술주정뱅이와 같은 것이 존재하지 않는 것처럼 동성애자 그리스도인 같은 것도 존재하지 않는다는 의미를 담고 있다. 그리스도인은 새로운 피조물이다. 그 이유는 예수 그리스도의 죽음과 부활이 죄의 권능과 죄책을 결정적으로 정복했기 때문이다(롬 6:1-14, 고후 5:17, 엡 2:1-10). 내적 싸움을 해결하려면 악한 욕구를 정당화하려고 애쓰지 말고, 믿음으로 그리스도의 약속을 붙잡고, 그분 안에서 주어진 새로운 정체성을 지향하려고 노력해야 한다.

---

35. *The Works of Jonathan Edwards, Volume 2, Religious Affections*, ed. John E. Smith (New Haven: Yale University Press, 1959), 341–42. We are indebted for this reference to RPCNA, *The Gospel and Sexual Orientation*, 19.

오늘날의 문화는 우리가 느끼는 욕구(성적 지향)로 우리를 규정하려고 한다. 그러나 오직 하나님만이 우리를 규정하는 권한을 지니신다. 그분은 창조된 성별(생물학적인 성)과 예수 그리스도를 통해 구원받은 새로운 신분을 통해 우리를 규정하신다. 그리스도 안에서 주어진 이 새로운 정체성이 새로운 순종의 토대가 된다. 우리는 복음의 약속을 믿음으로써 일상 속에서 이 정체성을 실현해야 한다. 이것은 그리스도 안에서 얻은 우리의 신분(씻음과 거룩함과 의롭다 하심)에 합당한 사람이 되기 위한 싸움이다.[36]

이 싸움이 이루어지는 곳은 죄인이 전에 어떤 사람이었든 상관없이 일단 회개했다면 기꺼이 받아주고, 기도와 형제애와 권고로 도움을 베풀며, 강한 책임의식을 일깨워주는 교회 안이다. 바울은 혼자 고립된 개인이 아닌 신자들의 공동체에 서신을 보냈다. 그들은 하나님이 "고린도에 있는 하나님의 교회," 곧 "그의 아들 예수 그리스도 우리 주와 더불어 교제하기 하기 위해" 부르신 자들이다. 그들은

---

36. Fee, *First Epistle to the Corinthians*, 247.

그리스도와 교제하면서 그분 안에서 서로 교제한다(고전 1:2, 9). 바울은 그들이 그리스도의 영을 통해 몸의 지체들처럼 유기적으로 연합되어 있기 때문에 서로를 필요로 한다는 사실을 일깨워주었다(고전 12:12-22).

그리스도인들은 동성애자들이 자신과 성향이 같은 사람들의 공동체에 참여하기를 좋아한다는 사실을 기억해야 할 필요가 있다. 그 이유는 그곳에 가면 인정을 받을 수 있기 때문이다.[37] 어떤 사람은 "내가 게이인 이유는 성소수자 공동체가 내가 안전하게 머물 수 있는 유일한 가정이기 때문이다."라고 말했다.[38] 교회는 동성애자나 양성애자나 성전환자로 살아가는 방문자들이나 친구들을 기꺼이 환영해야 한다. 우리는 그들에게 온정과 존중심과 사랑을 베풀어, 성경적인 기독교는 스스로를 의롭게 여기며 판단을 일삼는 위선자들을 위한 동호회가 아니라 회개한 죄인들이 서

---

37. "성적 지향이란 성적 끌림과 그와 연관된 행위와 동일한 성향을 지닌 사람들의 공동체에 속하는 것을 근거로 하는 개인의 정체성 의식을 가리키기도 한다." American Psychological Association, *Answers…Sexual Orientation and Homosexuality*, 1.

38. Butterfield, *Secret Thoughts of an Unlikely Convert*, 50에서 인용함.

로 교제하며 성도로서 함께 성장해 나가는 장소라는 사실을 분명하게 보여주어야 한다. 교회는 안전한 곳, 곧 죄를 짓는 사람들에게 안전함을 제공하는 장소(죄에게 안전함을 제공해서는 안 됨)가 되어야 한다.

죄에서 구원받은 사람들이 그리스도 안에서 주어진 새로운 정체성을 실현하려면 그리스도의 공동체 안에서 새로운 관계를 형성해야 한다. 새신자들은 남녀로 이루어진 사람들과 새로운 교제를 나누고, 경건한 동반 관계를 맺으면서 그리스도와 그분의 길을 경험적으로 알고, 스스로의 감정적, 사회적 욕구를 충족시키며 주어진 은사를 희생적으로 사용해 다른 사람들을 섬기는 법을 배워야 한다.[39] 만일 우리가 인내로 그들을 잘 섬긴다면 그들이 동성애의 죄를 극복하고, 하나님의 형상으로 창조된 본래의 모습으로 회복해 전인적인 성장을 구가하는 모습을 볼 수 있을 것이다.

---

39. RPCNA, *Gospel and Sexual Orientation*, 63 – 64.

4장
결론 : 은혜와 진리

우리 주위에서 동성애의 사랑과 관계를 축하하는 목소리가 많이 들려온다. 하나님이 죄를 지은 인류를 향한 은혜와 인내를 나타내기 위해 표징으로 삼으신 무지개(창 9장)가 동성애를 죄로 여겨 반대하는 사람들을 비난하고, 동성애를 인정할 것을 요구하는 사회 운동의 상징으로 바뀌었다. 사람들은 타인을 해롭게 하지 않는 한 모든 형태의 성적 관계를 무조건적으로 인정하는 것이 사랑의 요구라고 주장한다. 그러나 하나님은 단지 사람들을 사랑하라고 명령하는 데 그치지 않고, 성경의 많은 계명을 통해 사랑의 의미를 명확하게 설명해주셨다. 우리는 사랑이라는 이름으로 하나님의 말씀을 외면할 수 없다. 우리는 하나님이 무엇을 명령하셨는지를 알고, 사랑으로 그분께 순종해야 한다.

성경은 하나님이 우리를 창조하셨다는 사실을 토대로 우리 자신을 이해해야 한다고 가르친다. 하나님은 자신의 형상대로 인간을 남자와 여자로 창조해 남편과 아내의 관계를 맺게 하셨다. 우리의 정체성과 섹슈얼리티와 젠더는 하나님의 창조 질서와 예수 그리스도 안에서 이루어진 구원 사역을 통해서만 올바로 규정될 수 있다. 사람은 제아무리 신분이 높고 많은 존경을 받는다고 하더라도 자신의 정체성을 스스로 규정할 권위가 없다. 오직 하나님만이 그렇게 하실 수 있다. 하나님은 한 남자와 한 여자가 서로 헌신하며 성적으로 결합하는 것으로 결혼을 정의하셨다.

구약성경이 가르치는 대로 하나님은 동성애를 비롯한 성적인 죄에 대해 분노하신다. 하나님이 불같은 진노를 쏟아내 악명 높은 소돔을 멸하신 사건은 그분이 불의와 동성애의 죄를 극도로 혐오하신다는 사실을 보여주는 영원한 증거다. 성결에 관한 율법은 남자들 간의 성행위를 엄격하게 금지한다. 그와는 달리 구약성경은 요나단과 다윗과 같이 친밀한 형제의 우정을 나누는 훌륭한 남자들은 본받아야 할 본보기로 내세운다.

신약성경도 동성애를 하나님의 창조 질서를 거스르는 죄로 규정함으로써 구약의 율법을 확증한다. 신약성경은 동성애를 하나님의 심판을 받아야 할 다른 죄들과 나란히 언급했다. 신약성경에 따르면 동성애는 감사하는 마음으로 창조주를 예배하지 않고, 교만한 마음으로 우상을 숭배하는 사회에 대한 하나님의 심판에 해당한다. 그럼에도 불구하고 복음은 동성애의 죄를 저지르는 사람들에게 그들을 깨끗이 씻겨주시고 거룩하게 하시고 의롭다 하시는 그리스도를 전한다. 그리스도인들이 전해야 할 좋은 소식은 이성애가 아니라 그리스도, 곧 자기 백성을 모든 죄에서 구원하시는 구원자다. 주 예수님은 "사랑이 승리한다."고 선언하거나 편협한 태도를 독려하기 위해 세상에 오지 않으셨다. 그분은 "은혜와 진리가 충만하신" 하나님의 아들이시다(요 1:14).

지금까지의 논의는 개혁과 신앙고백의 유산을 뒷받침하는 성경적 근거를 굳게 확증한다. 우리는 이 책에서 논의한 성경적 진리를 근거로 "결혼은 한 남자와 한 여자 사이에서 이루어져야 한다."는 〈웨스트민스터 신앙고백〉의 진술을 자신 있게 확언할 수 있다.[1] 우리는 또한 "동성애를 비롯해 순리를 거스르는 정욕(롬 1:24, 26, 27, 레 20:15, 16)은 제7계명이 금지하는 죄에 해당한다."는 〈웨스트민스터 대요리문답〉의 경고를 담대하게 선포할 수 있다.[2] 동성애 욕구와 행위는 하나님의 거룩한 율법을 범한다.[3] 하나님의 율법을 거스르는 다른 죄들과 마찬가지로 동성애의 죄도 회개하고 회심해야 한다. 그렇지 않으면 〈하이델베르크 교리문답〉이 가르치는 대로 "결코 하나님의 나라를 유업으로 받을 수 없다."[4]

---

1. Westminster Confession of Faith (24.1), in *Reformed Confessions*, 4:263. 런던 침례교 신앙고백(25.1)에도 같은 진술이 나온다(4:561).
2. Westminster Larger Catechism (Q. 139), in *Reformed Confessions*, 4:333.
3. RPCNA, *Gospel and Sexual Orientation*, 54.
4. "그러면 계속해서 감사하지 않고 악한 삶을 살며 하나님께로 돌이키지 않는 사람들은 구원받을 수 없습니까? 결코 없습니다. 왜냐하면 성경이 선언한 대로 음행하는 자, 우상숭배하는 자, 간음하는 자, 도둑질하는 자, 탐욕을 부리는 자, 술 취하는 자, 모욕하는 자, 속여 빼앗는 자를 비롯해 그와 같은 죄를 짓는 사람들은 하나님의 나라를 유업으로 받지 못할 것이기 때문입니다."

우리는 사랑으로 모든 죄인에게 하나님이 그들을 그리스도께로 부르시고, 예수 그리스도를 믿는 사람은 모두 온전히 용서받는다는 복음을 전해야 한다. 〈웨스트민스터 신앙고백〉이 진술하는 대로 용서받은 죄인들은 "그리스도의 죽음과 부활의 효력을 통해…온몸을 지배하는 죄의 권세가 깨어진 덕분에 여러 가지 정욕이 갈수록 약화되고 억제되어…참된 거룩함을 실천할 수 있다."[5] 하나님의 아들을 믿는 믿음으로 살라. 그러면 비록 악한 욕구와 매일 싸울지

Heidelberg Catechism, LD 32, Q. 87, in *Doctrinal Standards, Liturgy, and Church Order*, ed. Joel R. Beeke (Grand Rapids: Reformation Heritage Books, 2003), 66. 〈하이델베르크 교리문답〉은 동성애를 명시하지는 않았지만 "그와 같은 죄"라는 표현에는 고린도전서 6장 9, 10절에 열거된 죄들이 모두 함축되어 있는 것이 분명하다. Kevin DeYoung, "Does the Heidelberg Catechism Have Anything to Say about Homosexuality?" *The Gospel Coalition* blog, March 16, 2002, accessed August 18, 2015, http://www.thegospelcoalition.org/blogs/kevindeyoung/2012/03/16/does-the-heidelberg-catechismhave-anything-to-say-about-homosexuality/을 보라. "특수 침례교(Particular Baptists, 칼빈주의의 영향을 받은 침례교—역자주)"도 〈하이델베르크 교리문답〉을 개작해서 만든 신앙고백에서 이와 똑같은 내용을 진술했다. Hercules Collins, *An Orthodox Catechism*, ed. Michael A. G. Haykin and G. Stephen Weaver, Jr. (Palmsdale, Cal.: RBAP, 2014), 92를 보라.

5. Westminster Confession of Faith (13.1), in *Reformed Confessions*, 4:249. 같은 말이 런던 침례교 신앙고백 13.1 및 4:548에도 등장한다.

라도 그분의 사랑과 능력을 알게 될 것이다.

세상에는 성경에 반하는 성적 정체성과 지향을 대담하게 주장하는 사람들도 있고, 자신의 정체성을 의심하거나 의문시하며 고민하는 사람들도 있으며, 죄로 알고 있는 악한 욕구를 극복하기 위해 묵묵히 충실하게 애쓰는 사람들도 있다. 우리는 이런 상황에서 하나님의 말씀을 믿는 자유를 누린다. 버크는 "하나님이 만드신 세상 안에서, 우리는 그분이 부여하신 정체성을 지니고 살아간다. 우리는 그저 타락한 성적 욕망의 화신인 것이 아니다."라고 말했다.[6] 세상이나 육신이나 마귀가 우리를 규정하지 못하게 하자. 우리가 그리스도 안에 있다면 세상의 그 무엇도 우리를 속박할 수 없다. 우리는 본래 하나님의 종이었지만 타락으로 인해 그분을 거역한 죄인이 되었고, 구원과 부르심을 통해 다시금 하나님의 자녀이자 그분의 성도로 회복되었다. 이것이 우리의 정체성이다. 바울은 로마서 6장 11, 12절에서 "이와 같이 너희도 너희 자신을 죄에 대하여는 죽은 자요

---

6. Burk, "Is Homosexual Orientation Sinful?", 113.

그리스도 예수 안에서 하나님께 대하여는 살아 있는 자로 여길지어다 그러므로 너희는 죄가 너희 죽을 몸을 지배하지 못하게 하여 몸의 사욕에 순종하지 말고"라고 말했다.

아울러 성경의 강력한 가르침 때문에 정결하고 순수한 동성 간의 친밀한 우정마저 포기하는 사람들이 없기를 바란다. 동성끼리 친밀한 우정을 나누는 것은 잘못이 아니다.[7] 성적 지향이라는 현대적 개념은 이 점에서 혼란을 야기한다. 왜냐하면 성적 욕구는 물론, 감정의 교류와 심리적인 자아 인식과 사회적 연결망을 근거로 개인의 지향을 규정하려고 하기 때문이다. 이런 개념에 따르면 동성과 친밀한 관계를 맺으면 동성애적인 무언가가 있는 것으로 간주된다. 그러나 다윗과 요나단은 물론, 그 외의 많은 친구 관계에서 알 수 있는 대로 성적 관계를 맺지 않으면서도 얼마든지 동성끼리 하나님을 경외하면서 정다운 우정을 나눌 수 있다.[8] 교회는 그런 우정을 독려해야 한다.

---

7. Butterfield, *Openness Unhindered*, 121.

8. Burk, "Is Homosexual Orientation Sinful?", 112.

교회는 자신의 정체성을 LGBT로 인식하는 사람들도 기꺼이 받아들여 예배를 드릴 수 있게 하고, 사랑과 우정을 베풀며, 그들의 말에 귀를 기울이고, 가르치고, 경고하고, 섬겨야 한다. 고도로 양극화되고 정치화된 환경 속에서 그리스도인들과 동성애자들이 서로가 똑같이 진정한 인간이라는 사실을 알게 되면 깜짝 놀랄는지도 모른다.[9] 사랑은 타협이 아닌 거룩함의 요체다. 동성애나 다른 죄를 지은 사람들이 성령의 은혜로 회개하고 참된 믿음으로 그리스도께로 돌이키면 그들을 기꺼이 교회의 일원으로 받아들여야 한다. 설혹 그들이 과거의 악한 욕구에 계속해서 시달리더라도 열등한 신자로 취급해서는 안 된다. 우리 자신도 그런 어려움을 많이 겪고 있다는 사실을 기억해야 한다.

마지막으로, 회개하라는 그리스도의 부르심은 일부 특정한 죄인들에게만 국한되지 않는다. 회개는 처음부터 끝까지 기독교적 삶의 본질을 이룬다. 우리도 그리스도와 똑

---

9. Glenn T. Stanton, *Loving My (LGBT) Neighbor: Being Friends in Grace and Truth* (Chicago: Moody, 2014)을 보라.

같은 이유로 사람들에게 회개하라고 외친다. 그 이유는 바로 죄인에 대한 사랑이다. 히스 램버트는 "사랑은 부드러운 태도로 회개를 촉구할 것을 요구한다. 회개가 없는 삶은 그리스도가 없는 삶이다."라고 말했다.[10] 누구든 회개하라는 교회의 부름을 듣는다면, 그것은 곧 똑같이 죄를 회개하며 살아가는 우리와 함께 어울려 살아가자는 초청의 의미를 지닌다는 것을 기억하라.

동성애에 관한 결론적 요약 진술

하나님은 이웃을 우리 자신과 같이 사랑하라고 명령하셨다(레 19장). 어떤 범주의 사람도 이 사랑에서 배제되지 않는다. 심지어는 우리를 미워하는 사람들과 악을 행하는 사람들까지도 모두 포함된다(마 5:44-48). 그러나 사랑은 우리의 유일한 규칙이 아니다. 하나님이 성경의 많은 계명을 통

---

10. Lambert, "Is a 'Gay Christian' Consistent with the Gospel of Christ?" in *Response to Matthew Vines*, 79.

해 사랑의 의미를 가르치셨기 때문이다(요 14:15, 요일 5:2). 신구약 성경은 하나님의 영감으로 기록되었고, 믿음과 실천의 모든 문제와 관련해 우리의 지침이 되기에 충분하다(딤후 3:16, 17). 그리스도께서 결혼에 관해 가르치신 대로(마 19:4-6), 젠더, 건전한 섹슈얼리티, 결혼은 인간이 아닌 우리가 복종해야 할 창조주께서 규정하신 것이다.

우리와 우리의 교회는 성경을 하나님의 말씀으로 믿기 때문에 다음과 같은 성경의 가르침을 온전히 믿고 고백해야 한다.

- 하나님은 인간을 생물학적으로 서로 구별되지만 동등한 가치를 지닌 두 개의 젠더, 곧 남자와 여자로 창조하셨다(창 1:27). 자신의 젠더를 생물학에 반하는 방식으로 인식하는 것은 하나님의 뜻을 거역하는 것이다(신 22:5).
- 하나님은 한 남자와 한 여자의 결합으로 결혼 제도를 제정하셨다. 결혼 제도 밖에서 이루어지는 모든 성행위는 하나님에 의해 죄로 정죄된다(출 20:14, 엡 5:5, 6).

- 하나님은 동성애를 하나님을 거스르는 죄로 정죄하신다. 소돔의 멸망(창 19장, 유 7절), 구약의 성결법(레 18:22, 20:13), 성결법에 관한 신약성경의 확증(딤전 1:9, 10)이 이를 뒷받침하는 명백한 증거다.
- 하나님은 남녀를 불문하고 모든 동성애의 욕망과 행위를 정죄하신다. 그 이유는 그것이 하나님의 창조 질서를 거스르기 때문이다(롬 1:26, 27).
- 하나님의 말씀을 거스르는 욕구는 그것이 즉흥적인 끌림이든 인식된 성적 지향이든 상관없이 죄에 해당한다. 그 이유는 영혼 안에서 원죄로 야기된 부패의 첫 움직임 또는 기울어짐은 의식적인 선택에까지 이르지 않았다 하더라도 그 자체로 죄요 악이기 때문이다(창 6:5, 8:21, 롬 7:20, 21).
- 음행하는 자, 간음하는 자, 동성애자를 비롯해 회개하지 않은 죄인들은 하나님의 나라에 들어갈 수 없다(고전 6:9, 10). 회개를 거부하는 사람은 모두 진노의 날에 하나님의 의로운 심판을 받게 될 것이다(롬 2:5).
- 하나님은 주권적이고 선택적인 사랑 안에서 동성애

자를 비롯한 모든 죄인을 사랑하신다(마 5:45, 요 3:16). 그분은 구원할 사람들을 용서하고 변화시켜 그들에게 그리스도 안에서 은혜로 거룩하여진 하나님의 성도라는 새로운 정체성을 부여하신다(고전 1:2, 30, 6:11).

- 참된 그리스도인들은 죄악된 욕구와 거룩한 욕구 사이에서 내적 갈등을 경험한다(갈 5:17). 그러나 죄가 그들의 정체성을 규정하거나 그들을 지배하지는 못한다(롬 6:11, 14). 그리스도 안에 소망을 두고, 모든 악한 정욕과 맞서 싸우는 것이 그들의 소명이다(골 3:1, 5).

이런 진술은 정체성이나 삶의 방식이 다르다는 이유로 사람들을 향해 불의나 폭력이나 자기 의에 사로잡힌 위선적 행위를 저지르는 것을 결코 지지하지 않는다. 우리는 모든 인간을 귀하게 여기고, 설혹 누군가가 죄를 고집하더라도 그를 존중하며 사랑으로 대하기를 원한다(벧전 2:17, 3:9-11). 우리는 하나님의 말씀을 듣고 싶어 하는 모든 사람을 환영하며, 죄를 회개하고 예수 그리스도를 믿어 구원을 받은 사람들을 그리스도 안에서 형제자매로 받아들이고, 우리와 더불어 정욕을 물리칠 능력과 은혜를 구하며, 평강과 거룩함을 추구하고, 그리스도의 나라를 향해가는 순례자로 살기를 원하는 모든 사람을 긍휼히 여기며 영적으로 돌보기를 원한다.

그리스도께서는 은혜와 진리로 죄인들에게 찾아오신다(눅 5:32, 요 1:14). 동성애의 욕구와 행위는 유일한 죄도 아니고, 가장 악한 죄도 아니다. 그것은 용서받을 수 없는 죄가 아니다. 얼마든지 은혜로 회개할 수 있는 죄이기 때문에 정죄에 이르는 불가피한 결과를 맞이할 필요가 없다. 우리는 우리가 지옥에 가야 마땅한 죄인이라는 사실을 기꺼이 인정한다. 그리스도께서는 죄인들을 위해 죽었다가 다시 살아나셨다. 오직 그분만이 우리의 유일한 희망이시다. 동성애의 욕구를 느끼는 사람들이나 그런 행위를 하는 사람들을 향한 우리의 외침은 모든 죄인을 향한 외침과 조금도 다르지 않다. 그것은 죄를 회개하고 그리스도를 믿어 구원을 받으라는 것이다(막 1:15, 행 16:31).

인용한 도서 목록

Allberry, Sam. *Is God Anti-gay? And Other Questions about Homosexuality, the Bible and Same-Sex Attraction*. Epsom, Surrey, U.K.: The Good Book Company, 2013. 《하나님은 동성애를 반대하실까?》, 아바서원 역간.

American Psychiatric Association, "Position Statement on Issues Related to Homosexuality." 2013. Accessed August 5, 2015, http://www.psychiatry.org/File%20Library/Learn/Archives/Position-2013-Homosexuality.pdf.

American Psychological Association, *Answers to Your Questions: For a Better Understanding of Sexual Orientation and Homosexuality*. Washington, D.C.: American Psychological Association, 2008, accessed August 4, 2015, https://www.apa.org/topics/lgbt/orientation.pdf.

The Associated Press Stylebook and Briefing on Media Law,

2013. New York: Basic Books, 2013.

Beeke, Joel R. and Michael A. G. Haykin. *How Should We Develop Biblical Friendship*, Cultivating Biblical Godliness. Grand Rapids: Reformation Heritage Books, 2015.

Brown, Michael L. *Can You Be Gay and Christian? Responding with Love and Truth to Questions about Homosexuality*. Lake Mary, Fla.: Charisma House, 2014.

Burk, Denny. "Is Homosexual Orientation Sin?" *Journal of the Evangelical Theological Society* 58, no. 1 (2015): 95 –115.

Butterfield, Rosaria Champagne. *Openness Unhindered: Further Thoughts of an Unlikely Convert on Sexual Identity and Union with Christ*. Pittsburgh: Crown and Covenant, 2015.《뜻밖의 사랑》, 아바서원 역간.

———. *The Secret Thoughts of an Unlikely Convert: An English Professor's Journey into Christian Faith*. Expanded Edition. Pittsburgh: Crown and Covenant, 2015.

Christopher, Mark. *Same-sex Marriage: Is It Really the Same?* Leominster, U.K.: Day One, 2009.

Collins, Hercules. *An Orthodox Catechism*, edited by Michael A. G. Haykin and G. Stephen Weaver, Jr. Palmsdale, Cal.: RBAP, 2014.

Davids, Peter H. *The Letters of 2 Peter and Jude*, Pillar New Testament Commentary. Grand Rapids: Eerdmans, 2006.

Dennison, James T., compiler. *Reformed Confessions of the*

Sixteenth and Seventeenth Centuries in English Translation: Volume 4, 1600–1693. Grand Rapids: Reformation Heritage Books, 2014.

DeYoung, Kevin. "Does the Heidelberg Catechism Have Anything to Say about Homosexuality?" *The Gospel Coalition* blog, March 16, 2002, accessed August 18, 2015, http://www.thegospelcoalition.org/blogs/kevindeyoung/2012/03/16/does-the-heidelberg-catechism-have-anything-to-say-about-homosexuality/.

─────. *What Does the Bible Really Teach about Homosexuality?* Wheaton, Ill.: Crossway, 2015. 《성경이 동성애에 답하다》, 지평서원 역간.

Diamond, Lisa M. "Just How Different are Female and Male Sexual Orientation?" video lecture, October 17, 2013, *Cornell University*, accessed August 7, 2015, http://www.cornell.edu/video/lisa-diamond-on-sexual-fluidity-of-men-and-women.

─────. *Sexual Fluidity: Understanding Women's Love and Desire*. Cambridge: Mass.: Harvard University Press, 2009.

Doctrinal Standards, Liturgy, and Church Order, ed. Joel R. Beeke. Grand Rapids: Reformation Heritage Books, 2003.

Edwards, Jonathan. *The Works of Jonathan Edwards, Volume 2, Religious Affections*, edited by John E. Smith. New Haven: Yale University Press, 1959.

Fee, Gordon D. *The First Epistle to the Corinthians*, The New International Commentary on the New Testament. Grand Rapids: Eerdmans, 1987. 《NICNT 고린도전서》, 부흥과개혁사 역간.

Gagnon, Robert A. J. *The Bible and Homosexual Practice: Texts and Hermeneutics*. Nashville: Abingdon Press, 2001.

Garland, David E. *1 Corinthians*, Baker Exegetical Commentary on the New Testament. Grand Rapids: Baker Academic, 2003.

Hamilton, Victor P. *The Book of Genesis, Chapters 18–50*, New International Commentary on the Old Testament. Grand Rapids: Eerdmans, 1995.

Hannon, Michael W. "Against Heterosexuality: The Idea of Sexual Orientation Is Artificial and Inhibits Christian Witness." *First Things*, no. 241 (March 2014): 27 –34.

Hartley, John E. *Leviticus*, Word Biblical Commentary 4. Nashville: Thomas Nelson, 1992.

Horner, Tom. *Jonathan Loved David: Homosexuality in Biblical Times*. Philadelphia: Westminster Press, 1978.

Jones, Stanton L. and Mark A. Yarhouse. *Ex-Gays? A Longitudinal Study of Religiously Mediated Change in Sexual Orientation*. Downers Grove, Ill.: IVP Academic, 2007.

Knight, George W. III. *Commentary on the Pastoral Epistles*, New International Greek Testament Commentary. Grand Rapids: Eerdmans, 1992.

Kort, Joe. "Going with the Flow: Male and Female Sexual Fluidity." *Huffington Post: Gay Voices*, updated 4/10/2015, accessed August 7, 2015, http://www.huffingtonpost.com/joe-kort-phd/going-with-the-flow-male-_b_6642504.html.

Mohler, R. Albert Jr., *We Cannot Be Silent: Speaking Truth to a Culture Redefining Sex, Marriage, and the Very Meaning of Right and Wrong*. Nashville: Thomas Nelson, 2015.

Mohler, R. Albert Jr., editor. *God and the Gay Christian? A Response to Matthew Vines*. Louisville, Ky.: SBTS Press, 2014, ebook, accessed August 4, 2015, http://sbts.me/ebook.

Mollenkott, Virginia R. *Omnigender: A Trans-Religious Approach*. Cleveland: Pilgrim Press, 2001.

Mounce, William D. *Pastoral Epistles*, Word Biblical Commentary 46. Nashville: Thomas Nelson, 2000.

Murray, John. *The Epistle to the Romans*, The New International Commentary on the New Testament. Grand Rapids: Eerdmans, 1965.《존 머리 로마서 주석》, 아바서원 역간.

Ortlund, Raymond C., Jr. "Male-Female Equality and Male Headship: Genesis 1-3." In *Recovering Biblical Manhood and Womanhood: A Response to Evangelical Feminism*, edited by John Piper and Wayne Grudem, 95-112. Wheaton, Ill.: Crossway Books, 1991.

Paton, Lewis B. "The Holiness-Code and Ezekiel." *Presbyterian and Reformed Review* 7, no. 25 (January 1896): 98-115.

Pearcey, Nancy R. *Total Truth: Liberating Christianity from Its Cultural Captivity*. Wheaton, Ill.: Crossway, 2004.《완전한 진리》, 복있는사람 역간.

Petersen, William L. "Can ΑΡΣΕΝΟΚΟΙΤΑΙ Be Translated by 'Homosexuals'?" *Vigiliae Christianae* 40, no. 2 (June 1986): 187–91.

Pronk, Pim. *Against Nature? Types of Moral Argumentation Regarding Homosexuality*, translated by John Vriend. Grand Rapids: Eerdmans, 1993.

Scanzoni, Letha Dawson and Virginia Ramey Mollenkott, *Is the Homosexual My Neighbor? A Positive Christian Response*. Revised Edition. New York: HarperCollins, 1994.

Schreiner, Thomas R. *Romans*, Baker Exegetical Commentary on the New Testament. Grand Rapids: Baker Academic, 1998.

Stanton, Glenn T. *Loving My (LGBT) Neighbor: Being Friends in Grace and Truth*. Chicago: Moody, 2014.

Synod of the Reformed Presbyterian Church in North America. *The Gospel and Sexual Orientation*, edited by Michael Lefebvre. Pittsburgh: Crown and Covenant, 2012.

Thiselton, Anthony C. *The First Epistle to the Corinthians*, The New International Greek Testament Commentary. Grand Rapids: Eerdmans, 2000.

White, James R. and Jeffrey D. Niell, *The Same Sex Controversy*. Bloomington, Minn.: Bethany House, 2002.

Via, Dan. O. and Robert A. J. Gagnon, *Homosexuality and the Bible: Two Views*. Minneapolis: Augsburg Fortress, 2003.

Vines, Matthew. *God and the Gay Christian: The Biblical Case in Support of Same-Sex Relationships*. Colorado Springs: Convergent Books, 2014.

Wenham, G. J. *The Book of Leviticus*, New International Commentary on the Old Testament. Grand Rapids: Eerdmans, 1979.

Wenham, Gordon. *Genesis 16–50*, Word Biblical Commentary. Nashville: Thomas Nelson, 1994.

Wold, Donald J. *Out of Order: Homosexuality in the Bible and the Ancient Near East*. Grand Rapids: Baker, 1998.

Wright, David F. "Homosexuals or Prostitutes? The Meaning of ΑΡΣΕΝΟΚΟΙΤΑΙ (1 Cor. 6:9, 1 Tim. 1:10)." *Vigiliae Christianae* 38, no. 2 (June 1984): 125–53.

Zehnder, Markus. "Observations on the Relationship between David and Jonathan and the Debate on Homosexuality." *Westminster Theological Journal* 69, no. 1 (Spring 2007): 127–74.